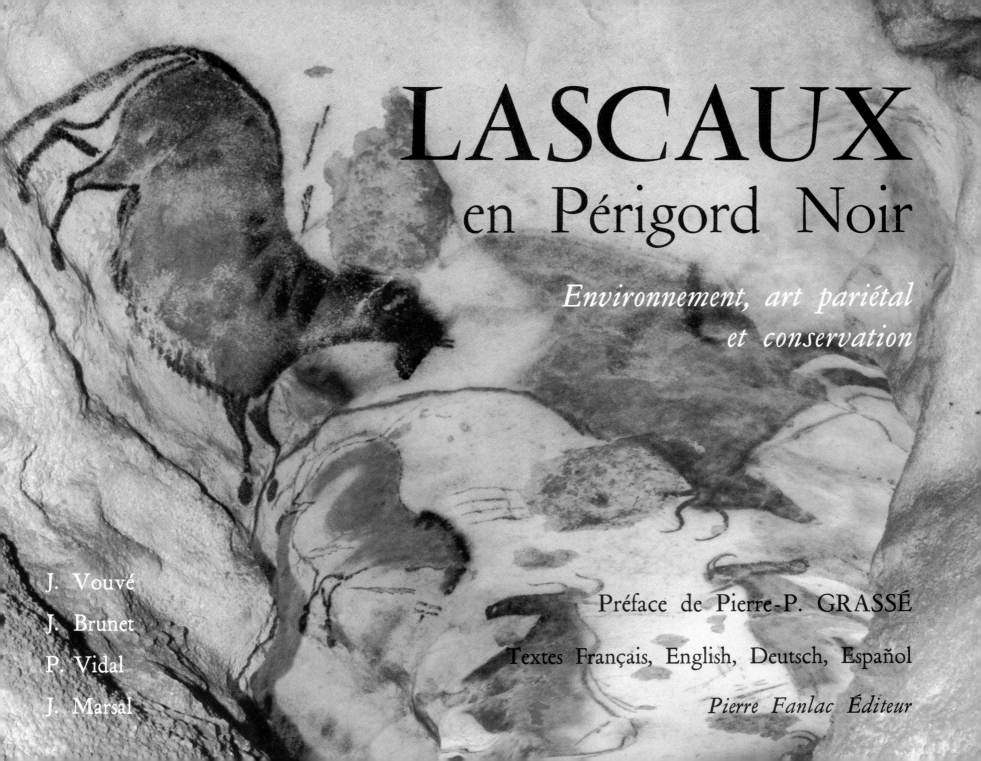

LASCAUX
en Périgord Noir

Environnement, art pariétal
et conservation

J. Vouvé

J. Brunet

P. Vidal

J. Marsal

Préface de Pierre-P. GRASSÉ

Textes Français, English, Deutsch, Español

Pierre Fanlac Éditeur

Les auteurs (1) *remercient :*

- le Ministère de la Culture, Direction du Patrimoine, Laboratoire de Recherche des Monuments Historiques,
- le Ministère de l'Education Nationale, Université de Bordeaux I - Centre d'Hydrogéologie,

pour la compréhension qu'ils leur ont apportée lors de la réalisation de cet ouvrage.

————

(1) J. Vouvé, *Maître-Assistant - Centre d'Hydrogéologie - Université de Bordeaux I.*

J. Brunet, *Ingénieur au Laboratoire de Recherche des Monuments Historiques.*

P. Vidal, *Ingénieur au Laboratoire de Recherche des Monuments Historiques.*

J. Marsal, *Technicien et coinventeur de la grotte.*

SOMMAIRE

.*.

Illustrations : *Laboratoire de Recherche des Monuments Historiques (L.R.M.H.) et Centre d'Hydrogéologie, Université de Bordeaux 1 (C.H.). Les documents photographiques sont extraits d'une iconographie en cours (étude portant sur les interactions : sujets et colorants — supports géologiques et minéralogiques).*

COMPOSITION DE LA COMMISSION D'ETUDES SCIENTIFIQUES POUR LA SAUVEGARDE DE LA GROTTE PREHISTORIQUE DE LASCAUX

(1963-1978)

créée par M. le Ministre d'Etat chargé des Affaires Culturelles, M. André MALRAUX

La coordination à tous les niveaux a été assurée par :
M. Max SARRADET, Conservateur, qui fut de toutes les réunions, commissions, groupes de travail, visites sur place et qui contribua par sa remarquable expérience au succès de l'entreprise de sauvegarde.

Président :
— M. Henry de SEGOGNE, †
  Conseiller d'Etat honoraire.

Membres :
— Le Directeur de l'Architecture.
— Le Directeur de l'Administration Générale.
— L'Architecte en chef des Monuments Historiques chargé de la grotte de Lascaux.
— M. Max SARRADET,
  Conservateur régional des Bâtiments de France de la circonscription d'Aquitaine.
— M. Jacques BAUER,
  Docteur en médecine, chef du Laboratoire de l'Institut de Photographie Scientifique et Médicale de la Faculté de Médecine de Marseille.
— M. Claude DELAMARRE-DEBOUTEVILLE,
  Directeur du Laoratoire d'Ecologie Générale du Muséum National d'Histoire Naturelle.
— M. Jean FAYARD, †
  Contrôleur général des travaux au Ministère des Affaires Culturelles.
— Mme Paule-Marie GRAND-CHASTEL,
  Critique d'art.
— M. Pierre-Paul GRASSÉ,
  Membre de l'Institut, professeur à la Faculté des Sciences de Paris, Directeur du Laboratoire d'Evolution des Etres Organisés.
— Mme Madeleine HOURS,
  Chef du service du Laboratoire pour l'Etude Scientifique de la Peinture et des Objets d'art et d'Archéologie à la Direction des Musées de France.
— M. Guy LAPORTE, †
  Docteur en pharmacie, expert au Centre d'Hydrobiologie du C.N.R.S.
— M. Marcel LEFEVRE, †
  Directeur du Centre de Recherches Hydrobiologiques du C.N.R.S. à Gif-sur-Yvette.
— M. André LEROI-GOURHAN,
  Professeur au Collège de France, titulaire de la chaire d'Ethnologie.
— M. Michel MAGAT, †
  Professeur de physicochimie des rayonnements à la Faculté des Sciences de Paris.
— M. Henri MOUREU, †
  Membre de l'Académie des Sciences, Conseiller scientifique auprès du Préfet de Police, Directeur honoraire du Laboratoire Municipal de la Préfecture de Police.
— M. André MOYSE,
  Professeur à la Faculté des Sciences de Paris, Directeur du Laboratoire de Photosynthèse du C.N.R.S. à Gif-sur-Yvette.
— M. Jacques POCHON, †
  Docteur en médecine et docteur ès sciences, professeur, Chef du Service de Microbiologie du sol à l'Institut Pasteur à Paris.
— M. Claude PREVOST,
  Administrateur civil, Direction de l'Architecture.
— M. Charles-Emmanuel de LA ROCHEFOUCAULT,
  Président de la Société civile de Lascaux.
— M. Henri SCHOELLER,
  Professeur à la Faculté des Sciences de Bordeaux, Directeur du Centre d'Hydrogéologie-Géochimie.
— M. Albert VANDEL, †
  Membre de l'Académie des Sciences, professeur à la Faculté des Sciences de Toulouse, Directeur du Laboratoire Souterrain du Centre National de la Recherche Scientifique.
— M. Jean WYART,
  Membre de l'Institut, professeur à la Faculté des Sciences de Paris.

GROUPES DE TRAVAIL

Groupe « Biologistes » :
MM. BAUER, LAPORTE, LEFEVRE, POCHON.

Groupe « Peinture » :
MMes HOURS, DELBOURGO.
MM. WYART, BAUER, LAPORTE, POCHON, PETIT.

Groupe « Appareillages » :
MM. FAYARD, LAPORTE, PONTIER, COMOLET.

Groupe « Géologie et Hydrogéologie » :
MM. SCHOELLER, VOUVÉ.

Groupe « Constance Paramètres » :
MM. MOUREU, BAUER, LAPORTE, LEFEVRE, MAGAT, POCHON, WYART.

Secrétaires de la Commission : M. Claude ANDRIEUX (jusqu'en 1965), Mme Suzanne SARRADET (de 1965 à 1978).

Travaux : M. Maurice LANTONNAT.

INGENIEURS ET TECHNICIENS AYANT TRAVAILLE SUR PLACE A LASCAUX

Géologue :
— Jean VOUVÉ,
  Faculté des Sciences de Bordeaux.

Ingénieurs et Techniciens :
MM. Paul-Marie GUYON, Philippe MICHEL, Paul-Louis GAVET, Gérard SALVAGNAC, Gaël de GUICHEN, Jean-Marie PY, Jacques BRUNET, Pierre VIDAL (représentant le Conservateur), Jacques MARSAL, Mlle Antoinette CHALVIGNAC, Mlle Janine THIRIET, Mlle Monique ISSALY, MM. Serge VERNAY, Patrick ARMAND, Gérard DUPEYRAT, André DUPUY.

PRÉFACE

Je me souviens de ce que fut ma consternation quand j'appris que les peintures rupestres de Lascaux étaient en proie à une grave maladie : elles verdissaient à vue d'œil.

Et pourtant, les choses avaient été bien faites pour protéger la grotte de toute agression venant de l'extérieur dont on la tenait isolée. Traitée à la manière d'un sous-marin, climatisée à outrance, elle devait théoriquement ne pas changer, rester indéfiniment semblable à elle-même.

Les précautions avaient donc été inutiles. Des esprits pessimistes prévoyaient dans les dix ans à venir l'effacement des peintures recouvertes d'une couche d'un vert jaunâtre, d'abord légère mais allant s'épaississant : la maladie verte.

Devant le danger, l'administration des Beaux-Arts s'émut et promit de tout mettre en œuvre pour arrêter le mal. Elle a scrupuleusement tenu sa parole. Malraux lui-même donna des ordres pour accélérer le dégagement des crédits nécessaires au financement du sauvetage.

Une commission dite de sauvegarde fut constituée. J'en fis partie dès sa création. Elle fut constamment présidée, avec tact et autorité, par le très regretté Henry de Ségogne, amoureux du Périgord ; il est à l'origine de la rénovation du vieux Sarlat.

Le problème posé à la Commission était tout à fait nouveau. Les Italiens en avaient bien un analogue concernant les peintures de certains tombeaux étrusques, mais d'une ampleur non comparable à celui de Lascaux.

On fut rapidement fixé sur l'agent causal de la maladie verte. Il s'agit d'une Algue verte unicellulaire. Mais comment diable une Algue verte, c'est-à-dire une Algue se nourrissant en se livrant à la photosynthèse, peut-elle se multiplier à l'obscurité ? Pour quelle raison ne s'étiole-t-elle pas comme une endive dans sa cave ? Voici le mystère. Cette Algue à la lumière vit à la manière d'une plante verte, mais à l'obscurité elle subsiste et se multiplie si elle trouve dans son support tout préparés les éléments nutritifs dont elle a besoin. On dit qu'elle devient saprophyte.

D'où peuvent bien provenir ces aliments ? En vérité de nous-mêmes, des visiteurs. Voici comment. L'air que nous expirons est non seulement enrichi en anhydride carbonique mais contient par centaines des matières organiques en provenance du sang ou produites par les poumons eux-mêmes. Ces substances se déposent sur les parois de la grotte et y forment une mince couche dans laquelle des bactéries trouvent un milieu favorable à leur prolifération. Les substances élaborées et rejetées par les bactéries conviennent aux rares Algues unicellulaires qui utilisent ou non la photosynthèse au gré des circonstances.

La quantité de microbes vivant dans l'air de la grotte égalait celle des bactéries de l'air du métro parisien, aux heures de pointe ! Il fallait donc s'attaquer sans retard aux populations microbiennes. La projection dans l'atmosphère d'aérosols porteurs d'antibiotiques permit d'atteindre assez vite l'objectif visé : la maladie algale était vaincue.

La Commission envisageait l'avenir avec une entière confiance d'où sa stupéfaction quand elle découvrit que Lascaux était menacée d'une autre maladie, plus grave que la première : le recouvrement des peintures par un voile ou des efflorescences, la maladie de la calcite.

Les causes de cette altération ne pouvaient résider que dans le milieu intérieur de la grotte : selon la teneur en anhydride carbonique de l'air, le degré hygrométrique de l'atmosphère, la calcite est plus ou moins solubilisée et vient se cristalliser en surface, où l'eau se dépose. Après bien des tâtonnements, il fallut reconnaître qu'il s'imposait de remettre la grotte dans les conditions qui, pendant 17 000 ans, furent les siennes, conditions qui maintinrent les peintures rupestres de Lascaux dans leur intégrité et leur fraîcheur.

Ce fut une tâche longue et ardue, mais grâce aux efforts de tous, elle fut finalement couronnée d'un succès dépassant, peut-être, nos espérances.

Les peintures et les gravures de Lascaux sont sauvées. La Commission de Sauvegarde, mission accomplie, a été dissoute. Mais les règles, édictées par elle doivent être rigoureusement appliquées sinon les deux maladies des Algues et de la calcite réapparaîtront. Une grotte maintient difficilement son équilibre physico-chimique. L'Homme par sa seule présence le trouble et crée de nouvelles conditions de milieu. Les visiteurs de Lascaux ne seront plus déçus, ils trouveront bientôt, à quelques centaines de mètres de Lascaux, un fac-similé de la Grotte qui leur donnera une excellente idée de l'original.

Le livre de MM. Vidal, Marsal, Vouvé et Brunet relate avec clarté l'histoire du sauvetage des fresques de Lascaux et décrit avec une fidélité totale le détail des peintures qui s'offrent aux yeux émerveillés du visiteur. La qualité de leur livre tient pour beaucoup à l'affection, je dis bien affection, qu'ils portent à leur grotte, tant il est vrai qu'on ne fait bien que ce que l'on aime.

Il y a 17 000 ans, la Vallée de la Vézère ou la province préhistorique des Eyzies comme disent certains archéologues, était peuplée d'hommes identiques à nous-mêmes et déjà possesseurs d'une culture avancée.

Dans tous les domaines, ils affirment leur maîtrise : soit dans la technique, fabrication des armes défensives et offensives, outillage, micro-outillage, soit dans l'art qui s'exprime par le pinceau (sensu latissimo) ou par le burin. Plus de 2000 gravures ont été relevées par feu l'abbé Glory sur les parois de la grotte de Lascaux. L'art du Magdalénien se retrouve dans les objets mobiliers : la pointe de sagaie, le harpon, le propulseur, « le bâton de commandement », montrent par leur facture, leur galbe, le désir de faire beau.

Cet homme qui ne savait pas durcir l'argile par le feu, ni découvrir et travailler les métaux, avait pourtant une civilisation que je n'oserais pas dire inférieure à la nôtre. Lascaux incite à la réflexion. Il y a 17 millénaires, sans Maisons de la Culture, les Magdaléniens nous valaient bien, leurs sociétés prospéraient sur les rives de la Vézère et sur les côteaux qui la dominent. Les grottes étaient les temples où ils exprimaient leurs sentiments esthétiques et religieux et aussi leur angoisse métaphysique, avec la foi ardente et enthousiaste de la jeunesse.

Livre de clarté, livre d'affection et non d'une froide technicité, l'ouvrage que je présente est bien fait pour donner le goût de la préhistoire et nous instruire sur nos ancêtres que nous ne dépassons pas.

Pierre-P. GRASSÉ
de l'Institut,
Ancien Président de l'Académie des Sciences.

INTRODUCTION

Quinze années de recherches menées sous l'égide de la Commission Scientifique pour la Sauvegarde de la Grotte de Lascaux, nous ont permis d'acquérir une grande expérience pluridisciplinaire dans le domaine souterrain associé à cette cavité préhistorique connue dans le monde entier. Cette expérience, nous avons souhaité la mettre à la portée de tous.

C'est, d'une part, dans un souci de vulgarisation que nous avons relu, repris, condensé, simplifié de nombreuses notes et rapports que nous avions écrits au fur et à mesure du déroulement des travaux de recherche. Dans un souci d'efficacité, d'autre part, nous avons souhaité assortir ce texte du maximum d'illustrations graphiques et photographiques afin d'en faciliter la lecture.

En préambule à la partie « conservation des œuvres d'art », nous présentons brièvement le contexte préhistorique régional. Le public trouvera en effet (sur quelques dizaines de kilomètres) le long des deux rives de la Vézère et de ses affluents, la plus grande concentration de grottes ornées, sites, abris, champs de fouilles et Musées, témoins de la formidable activité de nos ancêtres. Entre Lascaux (au Nord) et le Musée National de Préhistoire édifié aux Eyzies (au Sud), c'est là que 30 000 ou 35 000 ans auparavant, l'homme a découvert le dessin et affirmé peu à peu ses capacités d'invention, de création et d'adaptation auxquelles nous avons tout à envier.

Nous avons divisé l'ouvrage en deux parties. *Au cours de la première,* nous

INTRODUCTION

We have obtained a large experience of the subterranean world with fifteen years of scientific research undertaken by the Committee for the Preservation of the Lascaux cave. This research relates to a number of differents fields. It was undertaken around as well as in the interior of the cave which is well known around the whole world. We wish to make this experience available to everyone. In order to popularize our work and to be more efficient, we reread, condensed and simplified numerous notes and reports which have been written during the research. On the other hand many graphic illustrations and pictures have been added to the text in order to make it easier to understand.

In the introduction concerning the « preservation of art works » we present a brief summary of the local prehistoric background. The public will find (over a few square miles) along the two banks of the Vézère river and its affluents, the greatest concentration of ornate caves, sites, shelters and excavations as well as museums. There can be found evidence of the amazing activity of our ancestors. Between Lascaux (north) ant the National Museum of Prehistory, situated at les Eyzies (south), where 30 000 to 35 000 years ago man discovered how to draw and proved his ability of invention, creation and adaptation.

We divided this work into two main parts. *In the first part* we analyse briefly the fundamental relationship between prehistoric man and his natural surroundings. Of a long list of privileged relations between man and

EINLEITUNG

Die 15 jährigen Forschungsarbeiten unter der Leitung der wissenschaftlichen Kommission zur Erhaltung der Grotte von Lascaux haben uns viele Erkenntnisse über diese weltbekannte prähistorische Höhle vermittelt. Um diese Erkenntnisse einem breiten Publikum zugänglich zu machen, haben wir zahlreiche Notizen und Berichte über den Ablauf der Forschungsarbeiten überarbeitet, zusammengefaßt und allgemeinverständlich umgeschrieben. Zusätzlich wurden dem Text zum besseren Verständnis zahlreiche graphische Darstellungen und Fotos hinzugefügt.

Im Vorwort zum Teil « Erhaltung der Kunstwerke » erklären wir kurz den prähistorischen Hintergrund dieser Gegend. Man findet tatsächlich auf einer Länge von über 10 Kilometern an den Ufern der Vézère und ihrer Zuflüsse die größte Anzahl noch erhaltener verzierter Grotten, Landschaften, Ausgrabungen und Museen, Zeugen der wunderbaren Aktivitäten unserer Vorfahren. Zwischen Lascaux (im Norden) und dem National Prähistorischen Museum in les Eyzies (im Süden) hat der Mensch bereits vor 30 000 oder 35 000 Jahren zu zeichnen begonnen und auf beneidenswerte Art Kreaktivität und Erfindungsgabe gefestigt.

Das Werk ist in zwei Teile gegliedert : *Im ersten* erinnern wir kurz an die grundlegenden Beziehungen des Urmenschen zu seiner natürlichen Umwelt und seinen Lebensbedingungen. Aus einer langen Liste der besonderen Beziehungen des Menschen zur Natur haben wir folgende Themen ausgewählt : die zur heute nicht mehr

INTRODUCCIÓN

Hemos adquirido una grande experiencia pluridisdiplinaria después de quince años de investigación bajo égida de la Comisión Científica para la salvaguardia de la cueva de Lascaux dentro del dominio subterráneo asociado a dicha cavidad prehistórica conocida en el mundo entero. Hemos deseado poner al alcance de todos nuestra experiencia.

Con un deseo de vulgarización hemos releído, recogido, condensado, simplificado, numerosas notas y relaciones que habíamos escrito a medida del desarrollo de los trabajos de investigación. De otra parte hemos añadido al texto numerosas ilustraciones gráficas y fotográficas al fin de facilitar la lectura.

En preámbulo a la parte « Conservación de obras de arte » presentamos brevemente el contexto prehistórico regional. El público encontrará en efecto a lo largo de las dos orillas de la Vézère y de sus afluentes, la más grande concentración de cuevas adornadas, de paisajes, de refugios, de campos de excavación y de museos, vestigios de la formidable actividad de nuestros antepasados. Entre Lascaux (al norte) y el Museo Nacional Prehistórico construido en Les Eyzies (al sur, allí es donde, 30 000 o 35 000 años antes del principio de nuestra era, el hombre ha descubierto el dibujo y ha afirmado poco a poco sus capacidades de invención, de creación y de adaptación a las cuales no tenemos nada que envidiar.

Hemos separado la obra en dos partes. *Dentro de la primera,* evocamos brevemente las relaciones fundamentales que se refieren a las condiciones de vida de los hombres prehistóricos y de

évoquons brièvement les « relations fondamentales » se rapportant aux conditions de vie (s. l.) des hommes préhistoriques et de leur environnement naturel. Parmi une longue liste de relations privilégiées rapprochant l'Homme de la Nature, nous avons retenu les thèmes : des hommes associés à la faune aujourd'hui disparue, au climat, à l'art et à des techniques. Celles-ci précèdent la visite proprement dite de la grotte de Lascaux découverte le 12 Septembre 1940. Cette visite est faite par l'un des inventeurs de cette merveille, coauteur de l'ouvrage (J. M.). Ce dernier est resté guide durant 14,5 années entre Juillet 1948 et Avril 1963.

Après la fermeture au public, il est devenu un technicien averti dont nous avons tous apprécié la compétence et l'efficacité. Il était le mieux placé pour commenter aux lecteurs de ce modeste ouvrage ces merveilles qu'il a été l'un des premiers à voir et admirer. C'est dans le sanctuaire même que les notes originales ont été prises et que pour la première fois une restitution fidèle des commentaires a été faite par écrit. Ainsi les touristes de France, d'Europe et de pays ou continents lointains vont pouvoir suivre la visite de la cavité comme elle était présentée jusqu'en mars 1963 et comme les chercheurs et personnalités ont pu l'entendre et l'apprécier depuis cette date fatidique.

Dans une seconde partie, nous avons condensé l'essentiel des travaux pluridisciplinaires entrepris dans le but de sauver les peintures contre les attaques (auxquelles elles étaient soumises) par les bactéries et le concrétionnement chimique. La maîtrise des paramètres qui conditionnent le climat de la grotte, a aidé au rétablissement d'un équilibre proche de celui qui régnait dans la grotte avant la période des perturbations provoquées par les aménagements successifs. Cette maîtrise des paramètres climatiques nous a

nature we have chosen the following themes. Man associated with the fauna (which no longer exists), with the climate, with art and its technique. This preceeds the visit to the cave itself. The cave was discovered on the 12th September 1940. The visit is conducted by one of the original discoverers of the cave, he is also one of the co-writers of this work (J. M.). He was a guide from July 1948 to April 1963.

When the cave was closed to the public, he became an experienced technician and we all appreciate his ability and efficiency. He is well informed and can explain to the readers the marvels which he was the first to discover and admire. The original notes were written in the sanctuary itself and for the first time a faithful restitution of the commentary has been written ; so that tourists from France, Europe and even further away may follow the visit of the cave as it was conducted up to 1963 and as research workers and important people have been able to hear about since the fatal date.

In the second part we give a summary of the most important part of this work which has been undertaken in order to save the paintings which are suffering from the attacks of bacteria and chemical deposits. We have mastered the parameters which condition the climate in the cave, this has helped to reproduce approximately the balance of conditions which existed before it was disturbed by improvements made for visiting purposes. It is precisely because we had mastered these climatic parameters that we were able to solve the following problems : to protect the drawings and the walls that bear the works of art, and the underground enclosure that contains the treasure. Biologists, chemists, geologists, hydrologists, mineralogists, physicists, prehistorians have all participated in this collective work. A new field of study was opened in a realm

vorhandenen Pflanzenwelt, zur Klima, zur Kunst, zur Technik, die der eigentlichen Besichtigung der Grotte von Lascaux, entdeckt am 12 September 1940, vorausgehen.

Es führt sie einer der Entdecker dieses Wunders und Mit-Autor des Werkes (J. M.) der vierzehn 1/2 Jahre zwischen Juli 1948 und April 1963 als Führer hier tätig war. Nach der Schließung der Höhle für das Publikum wurde er Techniker und von uns allen wegen seiner Kompetenz und Leistung sehr geschätzt. Es gab keinen Besseren, um dem Leser dieser bescheidenen Arbeit das Wunder, das er als Erster gesehen und bewundert hat, zu erklären. Im Heiligtum selbst machte er seine Notizen und zum ersten Mal wurde eine treue Wiedergabe des Kommentars schriftlich gemacht. So werden die Touristen Frankreichs, Europas und von anderen Kontinenten, der Besichtigung der Höhle, wie sie bis März 1963 existierte, folgen und die gleichen Erläuterungen zu hören bekommen, die seit dem schicksalshaften Datum Forscher und Persönlichkeiten der ganzen Welt hören und schätzen.

In einem zweiten Teil faßten wir die Arbeiten zusammen, welche dem Ziel dienten, die Malereien vor der Zersetzung durch Bakterien oder chemische Konkretion zu schützen.

Die Kontrolle der Parameter, welche das Klima in der Grotte regeln, ermöglicht die Wiederherstellung eines Klimatischen Gleichgewichtes, wie es in den Jahren 1962/1963 bestand. Nachdem die Beständigkeit der Klimatischen Faktoren gesichert war, wandten wir uns den Konservierungsarbeiten der Malereien und der Wände, auf welche diese Kunstwerke gezeichnet wurden, zu. Wir versuchten sodann, die Grotte, welche den prähistorischen Schatz in sich birgt, zu klimatisieren.

sus medios de vida. Dentro de una larga lista de relaciones privilegiadas que acercan el hombre y la naturaleza, hemos retenido algunos temas : los hombres asociados a la fauna desaparecida, al clima, al arte, y a sus técnicas. Estas preceden la visita propiamente dicha de la cueva de Lascaux descubierta el 12 de Setiembre de 1940. Esta visita la hace uno de los inventores de esa maravilla coautor del libro (J. M.). Este último ha sido guía durante 14,5 años entre Julio de 1948 y Abril de 1963.

Después del cierre de la gruta, ha sido un técnico sagaz cuya competencia y eficacia hemos apreciado. Era el mejor indicador para comentar al lector de esta modesta obra esas maravillas que fue el primero en ver y admirar. Es en el santuario donde las notas originales han sido tomadas y donde por primera vez, un comentario fiel ha sido hecho por escrito. Así los turistas de Francia, de Europa y de países o de continentes más lejanos podrán seguir la visita de la cavidad tal como fue presentada hasta marzo de 1963.

En una segunda parte, hemos condensado los principales trabajos que han sido realizados en vista de salvaguardar las pinturas contra los ataques de las bacterias, y las concreciones químicas. El control de los factores que condicionan el clima de la gruta ha permitido encontrar un equilibrio próximo al que reinaba en la gruta antes del período de perturbación provocado por las disposiciones sucesivas : Ese control de los factores climáticos nos ha permitido ulteriormente emprender la conservación de las pinturas, de las paredes que soportan las obras de arte y de la gruta que encierra el tesoro.

Los biologistas, los químicos, los geólogos e hydrogeólogos, los mineralogos, los físicos, los prehistóricos, han colaborado a esta obra común. Un nuevo campo de estudios científicos

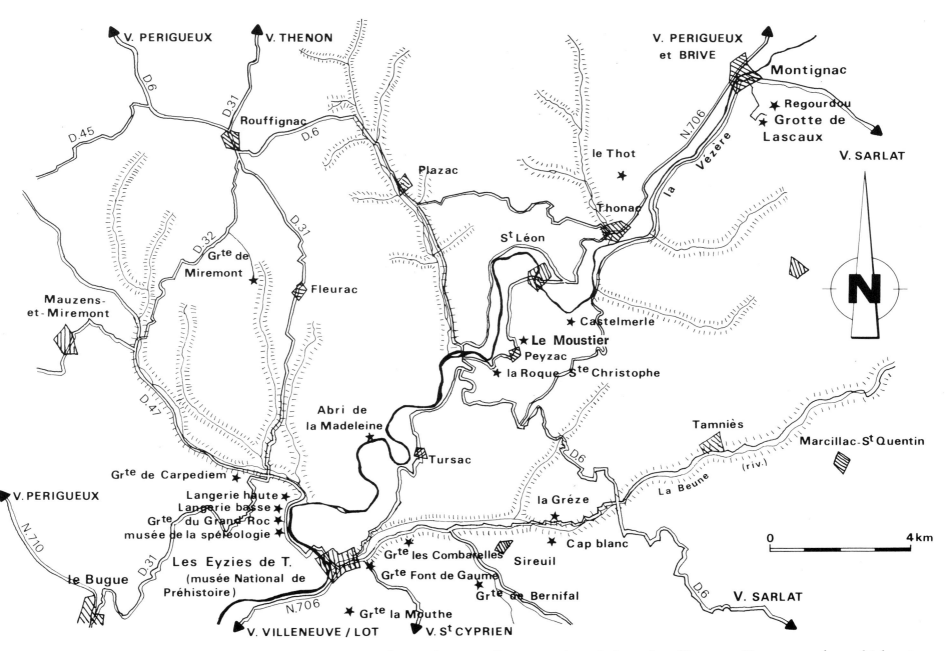

V. PERIGUEUX

V. THENON

V. PERIGUEUX
et BRIVE

Montignac

D.6

D.31

Rouffignac

D.6

N.706

Regourdou

Grotte de
Lascaux

D.45

V. SARLAT

Plazac

le Thot

la Vézère

D.31

D.32

Thonac

St Léon

Gr^te de
Miremont

Castelmerle

N

Mauzens-
et-Miremont

Fleurac

Le Moustier

Peyzac

la Roque Ste Christophe

D.47

Abri de
la Madeleine

Tamniès

Marcillac-St Quentin

Tursac

D.6

V. PERIGUEUX

Gr^te de Carpediem

la Gréze

La Beune

(riv.)

N.710

Langerie haute
Langerie basse
Gr^te du Grand Roc
musée de la spéléologie

Cap blanc

0   4km

le Bugue

D.31

Les Eyzies de T.
(musée National de
Préhistoire)

Gr^te les Combarelles

Sireuil

Gr^te Font de Gaume

Gr^te de Bernifal

D.6

V. SARLAT

N.706

Gr^te la Mouthe

V. VILLENEUVE / LOT

V. St CYPRIEN

Les parcours mentionnés sur la carte permettront au visiteur de voir les merveilles souterraines ainsi que les villages et villes, acteurs des multiples et remarquables témoignages de notre histoire, intégrés dans un cadre naturel intact.

9

permis à la suite d'entreprendre la conservation des peintures, des parois qui servent de support aux œuvres d'art et de l'enceinte souterraine qui recèle le trésor.

Dans un même élan, les biologistes, les chimistes, les géologues et hydro-géologues, les minéralogistes, les physiciens, les préhistoriens ont collaboré à cette œuvre commune. Un champ d'étude quasiment neuf était ouvert dans un domaine qui s'avérait passionnant mais très complexe. Des confrontations d'idées fréquentes, la critique des résultats, la mise au point de technologies avancées, la reprise d'expériences complétées par la simulation de certains phénomènes nous ont amené peu à peu à proposer des explications, des aménagements dans des domaines de plus en plus nombreux.

Nous en avons choisi quelques-uns ci-après en vue d'illustrer concrètement nos propos, ceux-ci se rapportent :

— à la connaissance du cadre naturel de la colline qui recèle la grotte (recherches sur la nature du couvert végétal et des affleurements de terrain),

— aux premiers travaux d'aménagements, et fouilles réalisées quelques années après la découverte,

— à la géologie et à la géométrie de la cavité et de ses extensions connues ou supposées,

— au rôle capital joué par l'eau qui s'infiltre dans les fissures (et anfractuosités) de la roche calcaire avant de réapparaître après un temps plus ou moins long, au droit d'un joint ou d'une paroi,

— à l'influence indirecte du soleil dont les effets calorifiques se font sentir par le jeu des ondes thermiques saisonnières et annuelles à différents niveaux dans la grotte,

— aux conséquences du concrétionnement et du microconcrétion-

which proved to be fascinating but very complex. We have been led to suggest new theories and make modifications of many kinds after frequently discussing, conflicting ideas, the results we criticized, we adapted advanced technology, we repeated experiments completed by the simulations of certain phenomena. We have chosen some of the above explanations in order to illustrate more concretely our statements about :

— the knowledge of the natural surroundings of the hill where the cave is to be found (research into the nature of the flore and the outcrops),

— the first installations and the diggings realised a few years after the discovery,

— the geological and the geometrical aspects of the cavity and its known and supposed extensions,

— the importance of water which infiltrates through the cracks of the calcareous rock and reappears later through a joint or down a wall,

— the influence of the sun the calorific effects of which are due to seasonal and annual heat variations at different levels inside the cave,

— the consequences of deposites and calcareous microdeposits on the paintings. It is important to know that the effect of calcareous deposits depends on :

• *the chemical nature and the quantity of the infiltrating water,*

• *the pressure of carbonic gas dissolved in the water and the quantity of gas mixed with the air of the underground network,*

• *the local temperature,*

• *the dynamics of the surrounding atmosphere,*

An dieser gemeinsamen Aufgabe beteiligten sich alle Forscher, Biologen, Chemiker, Geologen, Hydrogeologen, Mineralogen, Physiker und Prähistoriker. Neue Untersuchungen wurden in umfangreichen aber hochinteressanten Feldern unternommen.

Wir schlugen verschiedene Erklärungen und Verbesserungen in zahlreichen wissenschaflichen Fachrichtungen vor. Wir diskutierten und kritisierten die Ergebnisse. Wir entwickelten neue Verfahren. Wir simulierten Temperaturschwankungen und veränderten den Feuchtigkeitsgehalt der Luft.

Dies alles ermöglichte uns, gewisse Vorgänge zu verstehen und Ausbauarbeiten vorzuschlagen. Wir wählten einige Beispiele, betreffend :

— Die Kenntnis der natürlichen Umgebung des Hügels in welchem sich die Grotte befindet. (Untersuchugen der Vegetation und der Geologie).

— Die ersten Ausbauarbeiten ; Ausgrabungen, die einige Jahre nach der Entdeckung unternommen wurden.

— Die Geologie und die Geometrie der Höhle und ihrer bekannten oder angenommenen Verzweigungen.

— Die bedeutende Rolle des in Risse und Spalten des Kalkgesteins eindringenden Wassers, welches nach einiger Zeit entlang einer Bewegungsfuge oder einem Riß inder Wand wieder austritt.

— Der indirekte Einfluß der Sonnenstrahlung, deren Auswirkung sich in der Form von Wärmewellen, die saisonbedingt und alljährlich in verschiedenen Tiefen der Grotte auftreten, bemerkbar macht.

— Die Konsequenzen der Kalkblagerungen und der mikroskopisch

estaba abierto. Se ha revelado apasionante pero muy difícil. Hemos confrontado nuestras ideas y criticado nuestros resultados. Hemos elaborado nuevas tecnologías. Hemos recogido experiencias y simulado ciertos fenómenos para proponer explicaciones y disposiciones dentro de numerosos sectores.

Hemos escogido algunos de ellos para ilustrar nuestro propósito ; estos se refieren :

— al conocimiento del medio natural de la colina que contiene la gruta (investigacíon sobre el tipo de la vegetación y de los afloramientos de terreno),

— a los primeros trabajos de arreglo y excavación realizados algunos años después del descubrimiento,

— a la geología y a la forma de la cavidad y de sus extensiones conocidas o supuestas,

— al papel capital desempeñado por el agua que se infiltra dentro de las fisuras de la roca calcárea antes de reaparecer después de un tiempo más o menos largo en la pared,

— a la influencia indirecta del sol cuyos efectos caloríficos se hacen sentir por las ondas térmicas estacionales y anuales a diferentes profundidades en la gruta,

— a las consecuencias del concrecionamiento y del micro concrecionamiento cálcico con respeto a las pinturas. Se nota en efecto que los depósitos cálcicos dependen :

• *de la naturaleza química y de la cantidad de agua que se ha infiltrado,*

• *de la presión de CO_2 disuelto en dicha agua y contenido en el aire de la red subterránea,*

• *de la temperatura del medio ambiente,*

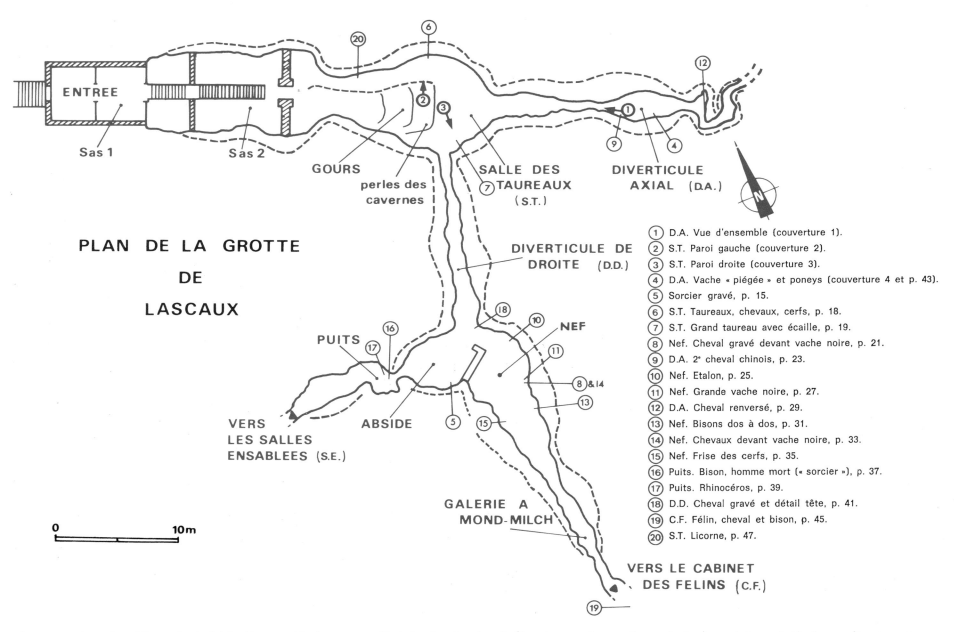

PLAN DE LA GROTTE DE LASCAUX

ENTREE

Sas 1

Sas 2

GOURS

perles des cavernes

SALLE DES TAUREAUX (S.T.)

DIVERTICULE AXIAL (D.A.)

DIVERTICULE DE DROITE (D.D.)

PUITS

ABSIDE

NEF

VERS LES SALLES ENSABLEES (S.E.)

GALERIE A MOND-MILCH

VERS LE CABINET DES FELINS (C.F.)

0   10m

① D.A. Vue d'ensemble (couverture 1).
② S.T. Paroi gauche (couverture 2).
③ S.T. Paroi droite (couverture 3).
④ D.A. Vache « piégée » et poneys (couverture 4 et p. 43).
⑤ Sorcier gravé, p. 15.
⑥ S.T. Taureaux, chevaux, cerfs, p. 18.
⑦ S.T. Grand taureau avec écaille, p. 19.
⑧ Nef. Cheval gravé devant vache noire, p. 21.
⑨ D.A. 2ᵉ cheval chinois, p. 23.
⑩ Nef. Etalon, p. 25.
⑪ Nef. Grande vache noire, p. 27.
⑫ D.A. Cheval renversé, p. 29.
⑬ Nef. Bisons dos à dos, p. 31.
⑭ Nef. Chevaux devant vache noire, p. 33.
⑮ Nef. Frise des cerfs, p. 35.
⑯ Puits. Bison, homme mort (« sorcier »), p. 37.
⑰ Puits. Rhinocéros, p. 39.
⑱ D.D. Cheval gravé et détail tête, p. 41.
⑲ C.F. Félin, cheval et bison, p. 45.
⑳ S.T. Licorne, p. 47.

Le sanctuaire tel qu'il est dessiné ici offre un développement limité orienté selon 3 directions majeures. Les principales peintures intégrées au livret sont répertoriées sur le plan et sous les photos par un numéro.

nement calcique à l'égard des peintures. Il faut savoir en effet que les dépôts de calcite dépendent :

- *de la nature chimique et de la quantité d'eau qui s'est infiltrée,*
- *de la pression du gaz carbonique dissous dans cette eau et contenu dans l'atmosphère du réseau souterrain,*
- *de la température du milieu,*
- *de la dynamique de l'air environnant,*
- à l'étude biologique globale et notamment des algues, des bactéries et des champignons qui sont à l'origine de la dégradation précoce des œuvres rupestres (maladie verte),
- à l'étude aérodynamique de l'air (climatologie et microclimatologie) comme au conditionnement de l'atmosphère souterraine.

La synthèse de tous ces efforts nous a permis de mettre l'accent sur un phénomène très intéressant. En fait, les paramètres qui régissent l'équilibre de la grotte sont tous liés les uns aux autres ; il apparaît ainsi que la grotte est un milieu vivant, milieu qui n'est absolument pas isolé de l'environnement extérieur. C'est ce constat, capital pour la suite des recherches, qui nous a amené à nous intéresser aux conséquences du dérèglement d'un des facteurs du milieu naturel aérien superposé à la grotte et qui fait l'objet du dernier thème du présent ouvrage.

Les résultats acquis après de longs mois de réflexions, confrontations et remises en causes, nous permettent d'assurer un bon équilibre à la grotte de Lascaux. La « maladie verte » est enrayée et l'évolution de la « maladie blanche » reste contenue dans un espace bien délimité grâce au contrôle continu des échanges entre l'air et la roche dans les différentes parties de la cavité ornée.

the general biological study and especially the study of alga, bacteria and fungus which caused the early damage of the paintings called (the green sickness),

the aerodynamic study of the atmosphere (climatology and microclimatology) as well as the conditioning of the subterranean air.

We have gathered together all this research which has led us to a very interesting phenomenon. It turned out that all the parameters which control the balance in the cave are related to one another. The cave appears to be a living environment in no way isolated from its outside surroundings. These observations were capital for the research that was to follow and led us to study the consequences of the unsettled state of one of the natural surroundings which is outside the cave. This is the subject of the last theme of this research.

The results obtained after many months of reflexion, confrontations and questioning allowed us to conclude with optimism. The Lascaux cave has been saved, the green sickness has been overcome, the exolution of the white sickness is limited to a reduced area thanks to a permanent control of the air exchange over the rock in the different parts of the ornate cavity.

feinen Kalkablagerungen auf die Wandzeichnungen. Selbige sind in der Tat abhängig von :

- *der chemischen Zusammensetzung und der Menge des eindringenden Wassers,*
- *dem Druck des in diesem Wasser aufgelösten Gases CO_2,*
- *dem Druck des in der Luft der Grotte enthaltenen Gases CO_2,*
- *der Temperatur des Karstnetzes,*
- *den Luftbewegungen in der Grotte.*
- Die biologische Untersuchung insbesondere der Algen, Bakterien und Pilze, welche die vorzeitige Verwitterung der Malereien hervorrufen. (« Die grüne Krankheit »).
- Die Untersuchung der Luft und der Klimatischen Bedingungen in der Grotte.

Nach all diesen Forschungsarbeiten sind wir heute überzeugt, daß alle diese Parameter zusammenspielen. Wir wurden uns ebenfalls darüber klar, daß die Höhle ein lebendes Milieu darstellt, welches keinesfalls von der äußeren Umgebung getrennt existiert. Dieses Ergebnis ließ uns über die Konsequenzen der chemischen Verschlechterung des Wassers sowie des Absterbens der Pflanzenwelt aud dem Hügel nachdenken. Wir sprechen darüber im letzten Abschnitt, d. h. vor der endgültigen Schlußfolgerung.

Alle bisher erhaltenen Resultate lassen uns jedoch zu einem optimistischen Endergebnis kommen. Die Höhle von Lascaux ist gerettet, denn sie konnte sowohl von der grünen, wie auch von der « weissen Krankheit » geheilt werden. Die « grüne Krankheit » ist besiegt, die Weiße am Fortschreiten gehindert. Der letztgenannte Erfolg wurde durch die ständige Kontrolle des Austausches zwischen Wasser, Luft und Gestein in den einzelnen Teilen der prähistorischen Höhle erreicht.

- *de la dinámica del aire.*
- al estudio biológico general y sobre todo de las algas, de las bacterias, y de los hongos que originan la degradación temprana de las obras dibujadas en las paredes,
- al estudio aerodinámico del aire (climatología y microclimatología) como al condicionamiento de la atmósfera subterránea.

La síntesis de todas esas investigaciones nos ha permitido insistir sobre un fenómeno muy interesante. En realidad los factores que controlan el equilibrio de la gruta están vinculadós unos a otros. Aparece así que la gruta es un medio que vive y que no está absolutamente aislado del exterior. Es esta observación, capital para la continuación de las investigaciones la que nos ha llevado a estudiar las consecuencias del desarrollo de uno de los factores del medio natural aereo sobrepuesto a la gruta y que es el objeto del último tema del comentario.

Los resultados adquiridos despúes de largos meses de reflexión, de confrontación nos llevan a concluir sobre una nota optimista. La gruta de Lascaux está salvada en la medida en que la enfermedad verde está vencida y el desarrollo de la enfermedad blanca queda contenida dentro de un espacio muy estrecho gracias al control permanente de los intercambios entre el aire y la roca en las diferentes partes de la gruta.

Réunion technique des auteurs de l'ouvrage après une pluie d'orage qui a provoqué la détérioration d'un enregistreur et le blocage du pluviomètre. De gauche à droite, MM. Pierre VIDAL, Jacques BRUNET, Jean VOUVÉ et Jacques MARSAL.

*La lampe de Lascaux en grès rose
découverte lors de fouilles
au fond du puits par A. Glory.*

PREMIÈRE PARTIE

Environnement naturel, Préhistoire et Art pariétal

Représentation schématique et hypothétique identifiée par les spécialistes à un grand sorcier recouvert et/ou masqué par des lanières d'écorces ou éléments tressés (plan p. 11, n° 5).

L'HOMME ET L'ANIMAL

La création des cavernes dans l'Ouest (s. l.) de la France est un phénomène hydrogéologique dont l'origine se situe fort loin dans les temps géologiques et qui s'étend sur des dizaines de millions d'années. Les réseaux karstiques les plus anciens remontent à la période terminale du Jurassique (il y a de cela 140 millions d'années). Les dernières périodes encore très favorables à la création ou au développement de ces mêmes réseaux se situent à la fin du Tertiaire * (il y a de cela 2 à 3 millions d'années).

Les animaux vivant en plein air durant toute la période du Tertiaire terminal et du Quaternaire se sont réfugiés de longue date dans les abris sous roche et cavités pour lutter au début contre la chaleur, puis plus près de nous, contre le froid et les intempéries. Ces animaux fossilisés dans les grottes, on en trouve de toutes les tailles. Ce sont les petits rongeurs, les déprédateurs de taille moyenne (blaireaux, renards, fouines etc.) et les mammifères de plus grandes dimensions. Parmi les bêtes de forte taille qui occupèrent notre territoire durant tout le Paléolithique nous citerons :

— Au Paléolithique ancien et moyen (600 000 à 40 000 av. J.-C.) le rhinocéros laineux, le mammouth, l'éléphant (éléphas primigénius) l'hippopotame, l'ours des cavernes.

— Au Paléolithique supérieur et mésolithique (40 000 à 4 000 av. J.-C.), les cervidés (rennes, « cerf mégacéros ») le cheval, les bovidés

* Se reporter au tableau p. 17.

MAN AND ANIMALS

In the west of France the creation of the caves was a hydrogeologic phenomenon which took place long ago in geologic time and which lasted several tens of million years. The oldest karstic network goes back to the Jurassic period (140 million years ago). The last periods which were still very favorable for the creation or the development of this network were situated at the end of the Tertiary * period which took place 2 or 3 million years ago.

At the end of the Tertiary period and during the Quaternary period animals found refuge under the rock shelters and cavities in order to protect themselves first from the heat and then from the cold and general climatic conditions. Fossilized animals of every size can be found. Small rodents, predators of average size, badgers, foxes, martens etc... and large mammals. Among the bigger animals which occupied the territory during the paleolithic period we shall quote :

— early and middle paleolithic (600 000 to 40 000 BC) the woolly rhinoceros, the mammoth, elephant, hippopotami, cave bear,

— superior paleolithic and mesolithic (40 000 to 4000 BC) cervida (reindeers, megaceros), horses, bovidae (oxen, cows, aurochs, bisons), mammoth, rhinoceros, ibex, felines, hyena, bear.

These and mainly the cave bear (ursus spelœus) prospected and adapted itself to cave dwelling. Hyena and cave lions occupy but a small place in this

* See p. 17.

DIE PRÄHISTORISCHEN MENSCHEN UND DIE TIERE

Die Formation der Höhlen ist in Westfrankreich eine hydrogeologische Erscheinung, die ihren uralten Ursprung im geologischen Zeitalter hat, und die mehere 10 Millionen Jahre dauert. Die ältesten Karstnetze datieren aus der Endeperiode der Juraschicht (vor 140 Millionen Jahre). Die allerletzen Perioden, wo die Formation oder das Wachsen dieser Netze gedeihen, sind am Ende des Tertiärs * (vor 2 oder 3 Millionen Jahren ungefähr).

Die Tiere haben im Freien während ganzen der Periode des End Tertiärs gelebt, sie haben sich schon Ende des dritten an und Anfang des Quartärs in die Höhlen geflüchtet, um anfangs gegen die Wärme dann später gegen die Kälte und gegen die Unwetter an zu kämpfen.

Die Fossiltiere sind in der Höhlen zahlreich. Ihre größen sind sehr verschieden. Das sind kleine Nagetiere, Tiere von mittelgroßem Wuchs (Dachse, Füchse, Steinmarder, u.s.w....) und größere Säugetiere.

Unter den Tieren von großem Wuchs, die in unserer Gegend während des Paläolithikums lebten, werden wir folgende nennen :

— Im alten und mittel Paläolithikum (600 000 bis 40 000 v. Chr.) das wollige Nashorn, das Mammut, der Elefant (Elephas primigenius), das Nilpferd, der Grottenbär.

* Siehe S. 17.

EL HOMBRE Y EL ANIMAL

La creación de las grutas en el oeste de Francia es un fenómeno hydrogeológico cuyo origen se situa muy lejos en los tiempos geológicos y que se extiende sobre decenas de millones de años. Las redes de grutas más antiguas datan del período terminal del Jurássico (hace 140 millones de años). Los últimos períodos aún muy favorables a la creación o al desarrollo de esas mismas redese situan al final del Terciario * (hace dos a tres millones de años).

Los animales que vivían al aire libre durante todo el período del Terciario terminal y de quaternario se han refugiado desde muy antiguo en los refugios bajo la roca y cavidades para luchar al principio contra el calor, y más cerca de nosotros, contra el frío y las intemperies. Esos animales (fosilizados) en las grutas, se encuentran de todas los dimensiones. Son los pequeños roedores, los depredadores de tamaño medio (tejón, zorro, garduña, etc...) y los mamíferos de más grande dimensión. Entre los animales de mayor tamaño que ocupaban nuestro territorio durante el Paleolítico citaremos :

— En el Paleolítico antiguo y medio (600 000 a 40 000 antes de Jesus-Cristo) el rinoceronte lanoso, el mamut, el elefante (elefas primigenius) el hipopotamo, el oso de las cuevas,

— En el Paleolítico superior y Mesolítico (40 000 a 4000 antes de jesuscristo) los cérvidos (los renos « megaceros »), el caballo, los bóvídos

* Ver p. 17.

CHRONOLOGIE DU QUATERNAIRE

Années avant J.-C.	ETAGES	PHASES GLACIAIRES	CIVILISATIONS	LIGNEE HUMAINE
5 000	HOLOCENE	Post-glaciaire	Protohistoire / Age des métaux / Néolithique	HOMMES / MODERNES
10 000			Paléolithique supérieur	
15 000		Wurm III et IV		
20 000				
30 000				
40 000	PLEISTOCENE SUPERIEUR	Wurm I et II	Moustérien	
50 000				
70 000		90 000 ans	Micoquien	
100 000		inter.glac.R./W.	(Acheul. Final)	
150 000		Riss III	Acheuléen supérieur	
200 000		Riss II	"Tayacien" et	
300 000	350 000 ans	Riss I	Acheuléen moyen	
400 000	PLEISTOCENE MOYEN	inter.glac.M./R.		
500 000			Acheuléen ancien	
	800 000 ans	Mindel (non subd.)	Abbevillien	
1 000 000	PLEISTOCENE INFERIEUR	inter.glac.G./M.		
1 500 000		Günz (non subd.)	Olduvaien industrie sur galets, os, dents	
2 000 000		Biber, Donaü		
2 500 000				
3 000 000	PLIOCENE / MIOCENE			AUSTRALO-PITHEQUE

QUATERNAIRE — TER-TIAIRE

Lignée humaine : HOMO SAPIENS — HOMME DE NEANDERTHAL — HOMME DE MAUER — SINANTHROPE — PITECAN-TROPE — HOMO HABILIS — AUSTRALO-PITHEQUE

(inspiré de J.M. BOUVIER)

17

S. T. — *Vue partielle de la paroi gauche où l'on peut remarquer le support calcique et rocheux sur lequel les peintures polychromes (chevaux) et monochromes (taureaux, cerfs) ont été dessinées (plan p. 11, n° 6).*

S. T. *(paroi droite). La chute d'écailles rocheuses laisse de profondes empreintes sur le rocher calcaire. Les multiples venues d'eau ont déposé **un voile** calcique prononcé sur lequel ont été peints le plus grand taureau connu (5,50 m) et une vache rouge (plan p. 11, n° 7).*

(bœufs, vaches, aurochs, bisons), le mammouth, le rhinocéros le bouquetin, les félins, l'hyène, l'ours brun.

Ce sont ces derniers, et principalement l'ours des cavernes (Ursus speloeus) qui prospectèrent et s'adaptèrent à la vie troglodytique. L'hyène et le lion des cavernes n'occupent qu'une place modeste dans cette classification. Les spécialistes décrivent l'ours des cavernes comme un fauve puissant, de taille et d'allure comparables à l'ours brun actuel et peut-être encore plus grand et plus musclé. Cet animal était pourvu à chaque patte de 5 griffes non rétractiles. Il a laissé de profondes empreintes dans l'argile des grottes que l'on peut visiter aux alentours de la grotte de Lascaux. Le plus bel exemple régional que nous citerons est celui de la grotte de Miremont, ou grotte de Rouffignac (cf. carte p. 9). L'ours hantait les cavernes, il y habitait également et créait dans certains cas de vastes nids creusés dans l'argile (les bauges) visibles à Miremont (déjà citée).

Il y a 80 000 ans c'est-à-dire au Moustérien,• les hommes impressionnés par ces animaux, ensevelissaient leurs crânes dans un but magique. Une telle sépulture existe à 400 m au Nord de la grotte. Il s'agit du gisement de Régourdou. Ceci se passait 65 000 ans avant l'occupation de Lascaux par les peintres du Magdalénien.• A l'intérieur de la grotte, la faune était rare et minuscule. Les quelques dents et débris de mandibules que nous avons découverts dans les sables et argiles étaient enfouis au fond du Diverticule Axial. Ces débris sont ceux de rongeurs de nature indéterminée.

Au Quaternaire• et principalement durant les dernières glaciations, (cf. chapitre ci-après) toute la France et l'Europe étaient soumises à un climat rigoureux comparable à celui de la

classification. Specialists describe the cave bear as a powerful wild animal whose height and brawn can be compared to the existing bear ; it was even taller and more muscular. This animal had four paws with five non retractile claws and left powerful prints in the clay of the caves which can be seen in the neighbourhood of Lascaux. The most beautiful local example we can mention is the Miremont cave (map p. 9). Bears frequented the caves and they sometimes took up permanent residence hence the remains found and the huge hollows dug into the clay which are called lairs and which are visible at Miremont.

80 000 years ago, Mousterian * man was impressed by these animals and used to bury their skulls for magical purposes, such a sepulture exists 400 yards from the north of the cave in the Regourdou layer. This took place 65 000 years before Lascaux was occupied by the Magdalenian* painters. Inside the cave the fauna was rare and minute, the few teeth and the mandible fragments we discovered in the sand and in the clay were hidden at the bottom of the axial gallery. These fragments are those of unknown rodents.

During the Quaternary* and the last glacial period, France and Europe were under a very rigourous climate similar to the present Lapon climate. Man suffered very difficult climatic conditions and slowly tried to improve his living conditions. He imitated animals and certainly was for these reasons an ambitious and tenacious competitor.

Fire that the hunter used to make at the entrance of the caves and shelters certainly plays a decisive role in the conquest of the underground world at the expense of animals. In order to eliminate a false belief frequently encountered in the general public, we

— Im Jungpaläolithikum und im Mesolithikumen (von 40 000 bis 4 000 v. Chr.), die Hirsche (Rentiere, « Megaceros »), die Pferde, die Rinder (Ochsen, Kühe, Auerochsen, Bisons), das Mammut, das Nashorn, der Ziegenbock, die Katzenart (Hyanen, Löwen) und Bären.

Das sind diese Tiere und hauptsächlich der Höhlenbär (Ursus speloeus), die sich dem Leben in Höhlen anglichen. Die Hyäne und der Höhlenlöwen haben in dieser Klassifikation eine unbedeutende Rolle. Die Fachleute beschreiben die Höhlenbären als kräftige wilde Tiere. Sie gleichen dem Braunbären, aber sie sind größer und muskulöser. Diese Tiere besaßen an jeder Pfote 5 nicht einziehbare Pranken. Sie haben in der Tonerde der (um Lascaux) gelegenen Höhlen tiefe Pfotespuren zurückgelassen. Wir werden das Beispiel der sehr schönen Miremonthöhle, auch Rouffignachöhle gennant (siehe Landkarte p. 9).

Der Bär in den Höhlen, lebte und höhlte in der Tonerde weite Nester (auf französisch : « les bauges ») aus. Man kann in Rouffignachöhle diese Stätten sehen.

Vor 80 Jahretausenden, das heißt während des « Mousterien * », wurden die Menschen von diesen Tieren tief beeindruckt. Sie begruben zu magischen Zwecken ihre Schädel. Ein Bärengrab gibt es 400 Meter nördlich von Lascaux. Es handelt sich um eine Regourdouablagerung. Es war 65 000 Jahre vor der Ankunft der Maler in Lascaux.

In der Höhle bestand die Fauna aus kleinen Tieren (Nageltieren). Wir haben in dem Sande und in der Tonerde einige Uberreste von Unterkiefern entdeckt. Diese Brocken wurden am Ende der « Diverticule Axial » vergraben.

(bueyes, vacas, uros, bisontes), el mamut, el rinoceronte, la cabra montès, los felinos, la hiena, el oso pardo.

Son esos últimos y principalmente el oso de las cuevas (ursus speloeus) los que prospectaban y se adaptaban a la vida troglodítica. La hiena y el león de las cuevas ocupan solamente una plaza modesta en esta clasificación. Los especialistas describen el oso de las cuevas como una fiera potente, de tamaño y de aspecto comparable al oso pardo actual y quizás aun más grande y musculoso. Ese animal estaba dotado en cada pierna de cinco uñas no retractiles. Ha dejado poderosas huellas en la arcilla de las grutas que podemos visitar en los alrededores de la gruta de Lascaux. El más bello ejemplo regional que citaremos es el de la gruta de Miremont (cf. mapa p. 9). El oso frecuentaba las cuevas ; vivía también en ellas y creaba en ciertos casos, vastos nidos excavados en la arcilla (revolcaderos) visibles en Miremont (ya citado).

Hace 80 000 años, es decir en el Musteriano* los hombres impresionados por esos animales, sepultaban sus cráneos con un fin mágico. Tal sepultura existe a 400 metros al norte de la gruta. Se trata del criadero de Regourdou. Esto occuría 65 000 años antes de la ocupación de Lascaux por los pintores del Magdalenien *. Dentro la gruta, la fauna era escasa y minúscula. Algunos dientes y restos de mandíbulas que hemos descubierto en las arenas y arcillas estaban envueltos en el fondo de la galería « axial ». Esos restos son los de los roedores de naturaleza indeterminada.

En el Quaternario * y principalmente en las últimas glaciaciones (cf. capítulo siguiente) toda Francia y Europa estaban sometidas a un clima riguroso comparable al de Laponia actualmente. Los hombres sufrían de los intemperies y han buscado poco a poco a mejorar

Nef (paroi gauche). Cheval finement gravé au-dessus des chevaux peints dans la zone antérieure à la grande vache noire (plan p. 11, n° 8).

Laponie actuellement. Les hommes subissaient les intempéries et ont cherché peu à peu à améliorer leurs conditions de vie. Ils ont imité les animaux et ont dû être à l'encontre de ces derniers des concurrents ambitieux et tenaces.

Les feux que le chasseur allumait à l'entrée des grottes et abris ont dû jouer un rôle décisif dans la conquête du milieu souterrain aux dépens de l'animal. Disons tout de suite et pour éliminer une idée reçue fréquemment répandue dans le grand public, que les hommes préhistoriques n'ont pratiquement jamais vécu à l'intérieur des grottes. Les traces de foyers abondent aux porches des cavités, au pied des abris et falaises. Elles sont rarissimes à l'intérieur. Lascaux ne fait pas exception à la règle et l'occupation des cavernes était donc temporaire à l'origine. Ultérieurement le « spéléologue préhistorique » a acquis certainement une intention d'ordre plus élevée que le besoin initial.

L'association d'idées entre la chasse et la magie d'une part, un besoin rituel ou *culturel* croissant d'autre part, se sont affirmés dans son esprit. Nous pensons que c'est à partir de cette mutation intellectuelle que l'homme a réalisé dans les galeries d'accès facile comme dans les salles les plus reculées et d'accès des plus périlleux, tous les *bestiaires* les plus simples comme les plus extraordinaires. Ce sont ces peintures monochromes et polychromes, ces gravures, modelages, d'un réalisme extraordinaire, que nos yeux découvrent avec émerveillement.

Quel que soit leur but (magie rituelle, religion ou art) les troglodytes préhistoriques et principalement les Magdaléniens ont véritablement prospecté les réseaux souterrains et se sont adaptés puis organisés. Leur matériel était des plus simples (silex taillés, *palettes,* os creux). Il en était de même

insist on the fact that prehistoric man almost never lived inside the caves. Traces of fire are very abundant at the entrance of cavities and at the foot of shelters and cliffs but there are very few traces inside the caves. Lascaux is not an exception to this rule. At the beginning, the occupation of the caves was very spasmodic, later on the prehistoric speleologist certainly acquired intentions of a higher order than his primal needs.

I became aware of the connection of ideas between hunting and magic on the one hand and a growing need of ritual on the other. We believe this intellectual mutation is the reason why man realised the simplest as well as the most extraordinary animal paintings in the easily accessible galleries as well as in the remotest chambers. These monochrome and polychrome paintings, the stone carvings and modellings of an extraordinary realism we discover with amazement.

Whatever their aim might have been (ritualistic, magical or artistic) the prehistoric troglodytes and mainly the Magdalenians truly prospected underground caves and adapted and organised themselves. Their materials such as chipped flint implements, hollow bones were simple as was their lighting. In several places in the Lascaux cave, lamps were found and one of them was perfectly adapted to the use for which it was intended. These instruments were supplied with wicks and filled with animal fat, the lamps could also accept small tufts of moss, grass and chosen branches (Juniper).

Prehistoric scaffoldings existed and at Lascaux the proof of the deliberate settling of branches at differend levels along the walls confirmed the creative action of the painters.
Finally we shall remember that bears used the caves a long time before man and that the caves were open millions

Im Verlaufe jeder Quäterleszeit * herrschte in Frankreich und in Europa ein rauhes Klima, daß man mit dem des heutigen Lapplands vergleichen kann. Die Menschen ertrugen die Unwetter, nach und nach haben sie sich bemüht, um bessere Lebensverkältnisse zu erreichen.

Der Mensch hat sie sich erkampft. Was noch mehr ist, hat er mit seinem Verstand und mit dem Feuer die unterirdische Umwelt errungen. Man muß wissen, daß die Magdaleniens nicht in den Höhlen lebten. Die Feuerherdespuren sind unter den Portalvorbauten und zu Fuß der Felsenwände. Die Höhle von Lascaux besitzt keinen Feuerherd. Die Höhlenbesatzung war also zeitweilig.

Nach und nach ist der prähistorische Jäger sich aufgeheitert. Der Ritus oder der Kultbegriff sind in seinem Geist immer wichtiger. Wir denken, daß es im Laufe dieser geistigen Entwicklung ist, daß der Mensch diese schlichten oder wunderbaren Wandmalereien gemacht hat. Er hat dazu leicht zu erreichende Höhlen oder liegende tiefer Säle ausgewählt. Das sind diese Malereien, diese Gravuren und dieses immer sehr sachliche Modellieren, die mit Bewienderung entdecken.

Zu dieser Zeit haben die Prähistorischer geschürft und haben die unterirdischen Karstnetze erforscht. Die Magdaleniens haben sich an diese dunklen Umwelt angepaßt und haben sich dort nach und nach eingerichtet.

Ihre Gerätschaften waren rudimentär (geschliffene Flintsteine, ausgehöhlte Markknocken, Paletten). Für die Beleuchtung stellten sie auf den Erdboden und auf das Felsgestein die Lampen auf. In Lascaux haben die Frühhistoriker zahlreiche Lampen gefunden. Aber die große Zahl der rohen Steinlampen und die wenigen ihrer Benutzungsspuren entsprechen nicht

sus condiciones de vida. Han imitado los animales y serían para esos últimos rivales ambiciosos y tenaces.

Los fuegos que encendían los cazadores en las entradas de las cuevas y refugios han debido desempeñar un papel decisivo en la conquista del medio subterráneo a costas del animal. Digamos en seguida y para eliminar una idea admitida en el gran público, que los hombres prehistóricos no han vivido praticamente jamás al interior de las cuevas. Las huellas de hogueras abundan en los portales de las cavidades, al pie de los refugios y acantilados. Son rarísimas al interior. Lascaux, no hace excepción a la regla. La ocupación de cavernas era pues temporal. El « espeleólogo original prehistórico » ha adquirido probablemente una intención de orden más elevada que su necesidad inicial.

La asociación de ideas entre la caza y la magia de una parte, una necesidad ritual o cultural creciente de otra parte se han afirmado en su espíritu. Pensamos que a partir de esa mutacion intelectual fue cuando el hombre ha realizado en las galerías de acceso fácil como en las salas más lejanas y de acceso más peligroso, todos los bestiarios más simples como los más extraordinarios. Son esas pinturas monocromos y policromos, esos grabados y modelados de un realismo extraordinario que nuestros ojos descubren maravillosamente.

Cualquiera que sea su fin (magia ritual, religión o arte) los trogloditas prehistóricos y principalmente los magdalenianos han prospectado verdaderamente las redes subterráneas y se han adaptado y organizado. Su material era de lo más sencillo (silex labrado, paletas, huesos huecos) era lo mismo para el alumbrado. A este propósito, la cueva de Lascaux contenía en algunos sitios « antorchas » entre las cuales una estaba perfectamente adaptada al uso

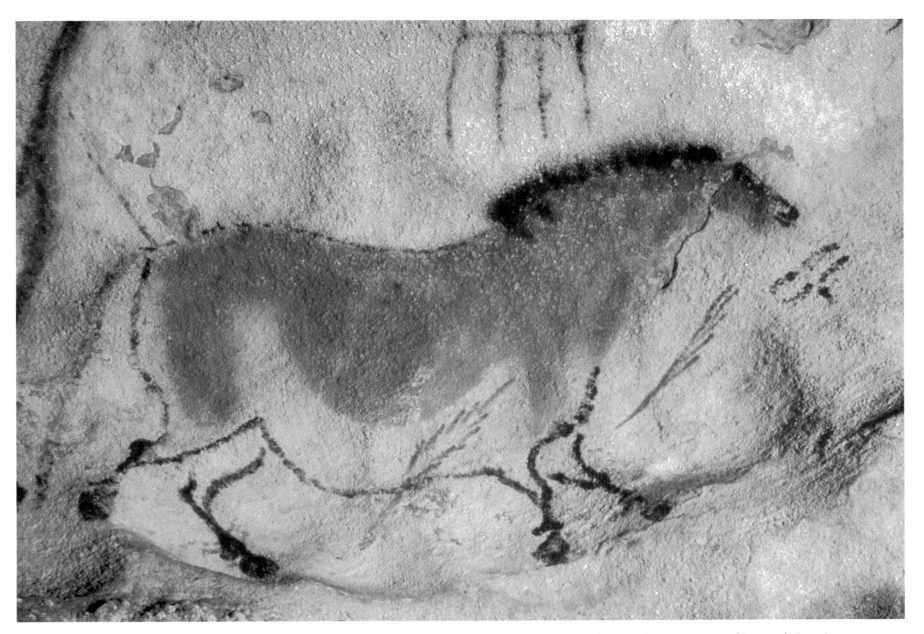

L'un des deux « chevaux chinois » qui ornent la paroi droite du Diverticule Axial. Cette œuvre d'un réalisme remarquable symbolise le **mouvement** donné à chaque animal peint ou gravé sur fond calcique (plan p. 11, n° 9).

pour l'éclairage. A ce propos, la grotte de Lascaux recélait en plusieurs endroits, des « lampes » dont une était parfaitement adaptée à l'usage pour lequel elle était destinée. Ces instruments étaient munis de mèches alimentées par de la graisse animale. Les brûloirs pouvaient contenir également des petites touffes de mousses, d'herbes et branches choisies (genévriers).

Les échafaudages préhistoriques ne sont pas absents et à Lascaux les preuves de mises en place intentionnelles de branches à différentes hauteurs le long de certaines parois confortent l'action créatrice des peintres.

En définitive, nous retiendrons que l'ours est entré longtemps avant l'homme dans les cavernes ouvertes des millions d'années auparavant. Ultérieurement les préhistoriques ont séjourné et non vécu à l'entrée comme au plus profond de ces réseaux en même temps que ces mammifères. Les uns et les autres se sont affrontés pour obtenir la suprématie des antres de la nuit perpétuelle.

— Détenteur du feu et de la lumière, l'homme est sorti peu à peu vainqueur de cette lutte qui l'opposait à l'animal et des rencontres redoutables qu'il a pu faire dans les conduits et galeries ténébreuses.

— Cette lutte pour l'occupation de sites-refuges, assortis d'une ambiance thermique tamponnée, appréciée des hommes et des bêtes, est à associer à l'élévation spirituelle d'une part, aux mutations climatiques de l'époque Paléolithique* d'autre part.

Ces changements atmosphériques rapides et contrastés font l'objet du prochain chapitre dans lequel nous nous efforçons de démontrer l'adaptation progressive de l'homme et son changement de comportement.

of years before that. Later on prehistoric man stayed but didn't settle at the entrance or deep in these underground networks at the same time as mammals. They both fought in order to obtain the supremacy over the perpetual darkness.

— Owing to fire and light man was victorious in his fearful encounters against animals which they must have met in the gloomy galleries they fought to occupy.

— The climatic mutations of the Paleolitic * and the spiritual development of man provoked the fight to occupy the sites and shelters the thermic warmth of which was appreciated by both man and animals.

These rapid and contrasting changes in atmospheric conditions form the subject of the next paragraph in which we shall try to show the progressive adaptation of man and the change of his behaviour.

dem Bedarf der Maler und Graveure. Eine Lampe ist sehr schön, weil sie glatt und verziert ist. Außerdem haben Sie stiegen darauf, um manche Wände speiste sie mit tierischem Schmalz. Diese Steinlampen enthielten auch Moos, Gräser, und Zweige (Wacholdersträucher).

Die Menschen erbauten Baugerüste. Sie stiegen darauf, um manche wände auszumalen. Schließlich werden wir feststellen, daß die Höhlen vor mehreren 10 Millionen Jahren gegraben wurden. Der Bär ist in diese Karstnetze lange vor den Menschen getreten. Später het der prähistorische Mensch in den Höhlen gelebt. Er hat unter den Grottevorbauten und am Fuße der Felsenwände gelebt.

Die Menschen und die Tiere haben mit einander gekämpft, um die Obergewalt über die unterrirdische Umwelt. Sie besaßen das Feuer und das Licht. Sie haben im Freien und in Höhlen über die Tiere nach und nach die Oberhand gewonnen. Dieser Kampf ist mit der Entwicklung des geistigen Lebens und mit den klimatischen Veränderungen im Ganzen Paläolithikum* verbunden. Anschließend werden wir von diesen natürlichen Veränderungen den klimatischen Veränderungen und der Anpassung der Menschen sprechen.

para el cual estaba destinada. Esos instrumentos estaban dotados de mechas alimentadas con grasa animal. Los quemadores podían contener igualmente pequeñas matas de hierba, musgo, ramas escogidas (ginebra).

Los andamios prehistóricos no están ausentes y en Lascaux el posicionamiento intencional de ramas en diferentes alturas a lo largo de ciertas paredes facilitan la acción creadora de los pintures.

En definitiva, recordaremos que el oso ha entrado mucho antes que el hombre en las cuevas abiertas, millones de años antes. Ulteriormente los prehistóricos han permanecido y no vivido en la entrada, como en lo más profundo de esas redes al mismo tiempo que esos mamíferos. Los unos y los otros se han afrontado para obtener la supremacia de los antros de la noche perpetua.

— Detentor del fuego y la luz, el hombre ha salido poco a poco vencedor de esta lucha que le oponía al animal y de encuentros terribles que ha podido tener en las vías y galerías tenebrosas.

— Esta lucha por la ocupación de los sitios, refugios, provistos de un ambiente térmico, cerrado apreciado de los hombres y animales, debe asociarse a la elevación espiritual de una parte, a los cambios climáticos de la época Paleotítica * de otra parte.

Esos cambios atmosféricos rápidos y contrastados son el objeto del próximo párrafo en el cual intentaremos demonstrar la adaptación progresiva del hombre y del cambio de su comportamiento.

Nef (paroi gauche). La paroi recèle de nombreuses cupules comblées pour partie par de l'argile de remplissage. Sur cette surface alvéolée, plusieurs étalons ont été peints et gravés. L'un des plus expressifs est représenté ici (plan p. 11, n° 10).

L'HOMME, LE CLIMAT ET L'ACTIVITE ARTISTIQUE

La dernière des ères géologiques, le Quaternaire, se différencie du Tertiaire par le développement de plusieurs périodes de refroidissement intense associées à une certaine extension des masses glaciaires sur le continent européen. Elle a été suivie par une phase dite post-glaciaire (l'Holocène)• durant laquelle se sont établies les conditions climatiques que nous connaissons actuellement.

Ces phénomènes ont modifié plus ou moins le relief des régions calcaires et ont eu un impact direct sur l'évolution humaine. Les phases dites « froides » ont été des périodes durant lesquelles nos ancêtres ont cherché à subsister. Les phases « tempérées » révèlent une amélioration, des conditions de vie et une diversité des activités humaines. Le développement artistique (peintures et gravures) en est le plus bel exemple. A Lascaux, l'explosion picturale n'est donc pas forfuite. Elle s'est faite durant une période désormais bien connue grâce aux datations par le radiocarbone 14 effectuées sur des débris de charbon de bois ; les valeurs obtenues évoluent entre les extrêmes — 17 000 et — 8 000 B. P. environ, c'est-à-dire comptées à partir de l'Actuel.

Les groupes ethniques qui vivaient à cette époque voient leurs activités facilitées par une évolution climatique décisive. Au sein de la période dite du Magdalénien on note une tendance au réchauffement et l'élévation des températures moyennes, aide au développement du tapis végétal et à une évolution du cortège animal.

Cette période de réchauffement temporaire est appelée *interstade* par les spécialistes, elle est rattachée à la séquence dite du Wurm III. Durant celle-ci on a tout lieu de penser que

MAN, CLIMATE AND ARTISTIC ACTIVITY

The last period, the Quaternary is different from the Tertiary because there were several periods of intense cold associated with a rather large extension of the ice on the European continent. It was followed by a period called the post ice age (Hyelocene *) during which the climatic conditions which we are now experiencing began.

These phenomena modified more or less the surface of the calcareous regions and had a straightforward impact on human evolution. The cold periods were periods during which man only tried to subsist. Moderate periods show an improvement in the conditions of life and a diversification of human activities. The artistic development (painting, carving) is the most beautiful example. At Lascaux the pictorial outburst is not fortuitous. It took place in a period which is now well known thanks to carbon 14 dating carried out on fragments of charcoal. The dates obtained varied from — 17 000 to — 8 000 years ago B. P. (before the present time).

The ethnic groups which lived during this period had their activities facilitated thanks to a decisive climate evolution. During this period called Magdalenian, a noticeable tendency towards warming up was experienced. The rise in average temperatures helped the development of vegetable life and the evolution of animal life.

This period of temporary warming-up is called *interstade* by the specia-

DER MENSCH, DAS KLIMA UND DIE KUNST

Das Tertiär war ein warmes Zeitalter in Frankreich. Im Gegensatz dazu setzt sich das Quartär aus mehreren gemäßigten und Kalten Perioden zusammen. Die Kalten Perioden waren mit der Ausdehnung des Eises auf dem Nordteil des europäischen Kontinents verbunden. Die jüngste Epoche des Quartär nennt man Holocène *. Während dieser Periode wurde das Klima milder und mehr und mehr mit dem heutigen vergleichbar. Die Kalten Perioden stellten eine Gefahr für das Überleben und die Vermehrung des prähistorischen Menschen dar, die gemäßigten Perioden jedoch brachten eine grosse Besserung der Lebensbedingungen mit sich. Man stellt im Laufe dieser Zeitspannen eine Mannigfaltigkeit an menschlichen Tätigkeiten fest, so auch eine bedeutende Künstlerische Entwicklung (Malerei und Gravur).

Die in Lascaux entdeckte große Anzahl an Malereien und Zeichnungen ist auf eine solche Klimatisch gemäßigte Periode zurückzuführen. Dank der Ergebnisse zahlreicher Datenermittlungen mittels C₁₄ lernten wir diese Künstlerische Epoche näher kennen. Proben von Holzkohleresten vermittelten uns Werte zwischen den

EL HOMBRE, EL CLIMA Y LA ACTIVIDAD ARTISTICA

La última era geológica, el Quaternario, se diferencia del Terciario por el desarrollo de varios periodos de resfriamiento intenso asociados a cierta extensión de las masas glaciales sobre el continente europeo. Ha sido seguida de una fase llamada post-glacial (Holoceno *) durante la cual se han establecido las condiciones climáticas que conocemos actualmente.

Estos fenómenos han modificado más o menos el relieve de las regiones calcáreas y han tenido un impacto directo sobre la evolución humana. Las fases llamadas « frías » han sido períodos durante los cuales nuestros antepasados han tratado de subsistir. Las fases « templadas » revelan una mejora de las condiciones de vida y una diversidad de actividades humanas. El desarrollo artístico (pinturas y grabados) es el más bello ejemplo. En Lascaux la explosión pictórica no es for-

Nef (paroi gauche). Dans cette galerie, le calcaire est gréseux et friable. Il est souligné par des veines sableuses. Les peintures, représentant une grande vache monochrome et des chevaux, sont rehaussées par des traits finement gravés (plan p. 11, n° 11).

l'environnement forestier sur les collines était assez varié ; la chênaie dominait et les résineux étaient moyennement représentés. Sur les flancs des dépressions comme au fond des vallées, les hommes côtoyaient et chassaient les chevaux, les taureaux, les vaches, les aurochs, les rennes, les bouquetins etc. Ils les ont représentés toujours en action, comme saisis au vol et les magnifiques scènes choisies ici illustreront merveilleusement le sujet.

Nous insisterons particulièrement sur la scène dite du « cheval renversé (cf. p. 29) ». A propos de cette peinture, certains chercheurs ont avancé l'hypothèse d'une astuce de chasse mise au point par nos ancêtres. Ceux-ci acculaient un ou des chevaux sur la bordure supérieure des falaises qui soulignaient chaque colline et les obligeaient à sauter dans le vide. C'est sans doute cette chute vertigineuse qui a été saisie par l'artiste et imprimée sur la roche au fond d'une galerie.

Nous ferons remarquer également que l'animal est rarement seul sur les parois ; il est accompagné de pièges, de barrières, de flèches qui volent au-dessus de l'animal ou qui le transpercent. Ces détails nous font penser que les chasseurs avaient la volonté d'acquérir une suprématie sur l'animal dont ils dépendaient pour beaucoup.

Cette tendance apparaît d'ailleurs dès le début du passage des hommes dans la grotte, c'est-à-dire avant le développement de « l'interstade » proprement dit, à une époque où le contexte naturel pouvait être assimilé à une steppe. C'est dans cet esprit que l'homme a représenté au fond du puits le rhinocéros laineux (cf. photo p. 39) et qu'il a peint le mammouth dans d'autres grottes.

La fin de l'interstade de Lascaux est marquée par une nouvelle décroissance des températures extérieures. On pé-

lists, it is connected to Wurm III. During this period we've every reason to believe that on the surrounding wooded hills oaks were more numerous when compared to resinous trees. On the hill sides as at the bottom of the valleys, man always kept close to animals and hunted horses, bulls, cows, aurochs, reindeers and ibex. Man always represented these animals in movement as if caught in flight. The splendid frescœs we have chosen will illustrate perfectly our point.

We specially insist on a painting called « the upside down horse ». Concerning this picture some specialists put forward the theory of the hunting astuteness of our ancestors. They drove one or several horses to the edge of the cliffs which was a feature of every hill and forced them to jump. The artist caught the vertiginous fall and painted it on the rock at the bottom of the axial gallery.

The animals are seldom alone on the walls. They are drawn together with traps, barriers, arrows, which fly above the animals or which pierce them. These details lead us to believe that the hunters wanted to obtain supremacy over the animals which they also depended upon.

These tendencies appeared even during the early stages in this cave habitation that's to say before the so called interstade period when the natural surroundings was a sort of steppe. It was in this state of mind that man represented the woolly rhino at the bottom of the pit and that he painted the mammoth in the other caves.

The end of the interstade at Lascaux is marked by a new decrease of the outside temperatures. The cold period called Wurm IV* slowly comes into being. The Magdalenians are believed to have frequented the cave for

Extremen von 17.000 und 8.000 Jahre B. P. (Before Present). Die zeitlichen Grenzen sind in das « Magdalenien » integriert, wie man aus der Tabelle auf der letzten Seite ersehen kann.

Die entsprechende Aufwärmung in dieser Periode leitet eine Entfaltung und Weiterentwicklung der Tier-und Pflanzenwelt ein, welche man wegen ihrer Kurzen Dauer « Interstade » (Zwischenstadium) nannte. Sie gehört zur « Wurm III » getauften Epoche. Die Bäume, welche auf den Hügeln der Dordogne wuchsen, waren während dieser Zeit sehr verschiedenartig und Zahlreich. Eichen überwogen, während Nadelbäume weniger vertreten waren. Auf den Hängen der Hügel und in den Tälern jagten die Menschen Pferde, Kühe, Auerochsen, Rentiere, Ziegen, u. s. w. Sie zeichneten all diese Tiere auf die Wände der Höhle. Die Anzahl der Tiergemälde ist groß, die Haltung der Tiere jedoch von Saal zu Saal verschieden.

Der Leser wird besonders der Szene « le cheval renversé » Beachtung schenken. Die Jäger erschreckten die Pferdeherden und brachten diese dazu, sich von den die Hügel überragenden Felsen in die Tiefe zu stürzen. Diesen schwindelerregenden Sturz hat der prähistorische Künstler auf die Wand des « Diverticule Axial » gezeichnet.

Neben das Tier wurden eine Falle, eine Barriere, und Pfeile gezeichnet, welche es durch bohren oder über es hinwegfliegen. Die Zeichnungen drücken den Wunsch des Jägers, das Tier zu beherrschen, aus, denn es bedeutete für ihn Nahrung, Bekleidung und Werkzeuge. Am Ende dieser gemäßigten Periode wurde das Klima wieder kälter. Manche Tierarten wanderten in wärmere Regionen ab und andere Tierarten erschienen. So kam es, daß die Künstler auf den Grund des « puits » (Brunnens) ein wolliges

tuita. Se ha hecho durante un período bien conocido gracias a las dataciones del radio carbono 14 efectuadas sobre restos de carbón de leña. Los valores obtenidos evoluan entre los extremos — 17 000 y — 8 000 B. P. aproximadamente, es decir contados a partir del actual.

Los grupos étnicos que vivían en esta época veían sus actividades facilitadas por una evolución climática decisiva. Dentro del período llamado Magdalenien, se nota una tendencia al recalentamiento. La elevación de temperaturas medias, ayuda el desarrollo del manto vegetal y una evolución de la comitiva animal.

Ese período de recalentamiento temporario es llamado Interstade por los especialitas, estás relacionado con la secuencia dicha « Wurm III » durante está última podemos pensar que el medio forestal sobre las colinas era bastante variado. El encinar dominaba y los resinosos eran medianamente representados. Es alrededor del octavo milenario antes del Actual que pensamos que los Magdaleniens han frecuentado la cueva por las últimas veces. El régimen pluviométrico se ha acentuado, las aguas meteóricas se han infiltrado con más abundancia dentro de la roca calcárea agrietada del portal. Con la ayuda de la disolución y del hielo, las losas rocosas han sido alteradas y se han hundido. El suelo magdaleniano ha sido rapidamente ocupado y el acceso principal al interior se ha reducido poco a poco para desaparecer. El atasco ha sido definitivo después del segundo retroceso y hundimiento del portal. Después la cueva no ha recibido ninguna visita humana.

Al mismo tiempo que el acceso exterior se cerraba, los vestigios del suelo (herramienta, paletas, ocres, asagayas etc...) han sido selladas luego envueltas en una capa de calcita blanca. Ese depósito carbonateado llamado

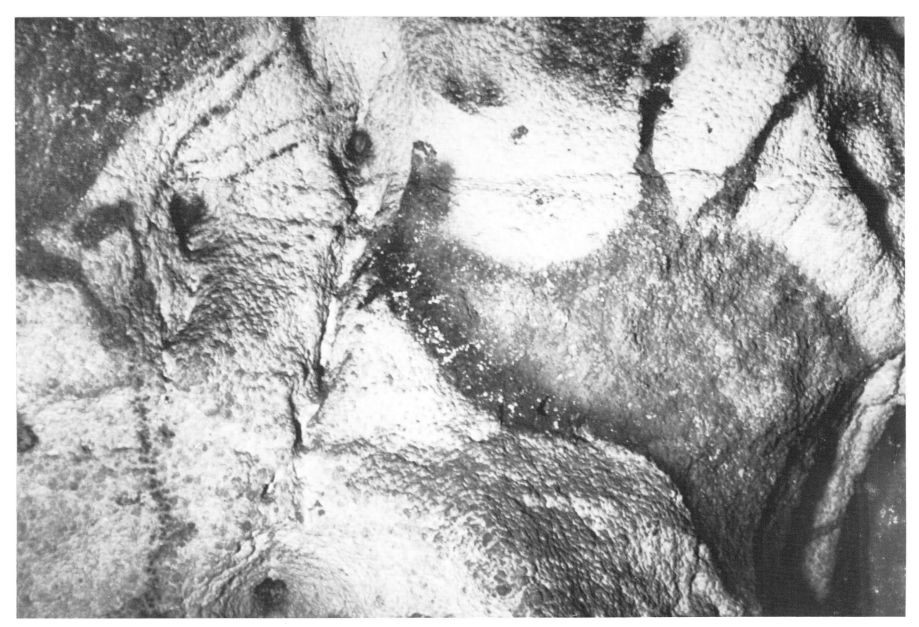

Fond du D. A. Cheval renversé peint sur le support de calcite très granuleux et d'une blancheur immaculée (plan p. 11, n° 12).

nètre peu à peu dans une séquence « froide » appelée le Wurm IV.* C'est aux alentours du huitième millénaire avant l'Actuel qu'on pense que les Magdaléniens ont fréquenté la grotte pour les dernières fois. Le régime pluviométrique s'est accentué, les eaux météoriques se sont infiltrées plus abondamment dans la roche calcaire fissurée du porche. Avec l'aide de la dissolution et du gel, les dalles rocheuses ont été altérées et se sont effondrées. Le sol magdalénien a été rapidement encombré et l'accès principal à l'intérieur s'est réduit peu à peu pour disparaître. Le colmatage a été définitif après le second recul et effondrement du porche. Par la suite, la grotte n'a reçu aucune visite humaine.

En même temps que l'accès extérieur se fermait, les vestiges au sol (outillage, palettes et ocres de couleur, sagaies etc.) ont été scellés puis noyés dans une chape de calcite blanche. Ce dépôt carbonaté appelé « plancher » est associé à des écoulements intermittents d'eau fortement chargée en carbonate de calcium. Ce sont ces témoins du passé que H. Breuil et S. Blanc trouveront lors des fouilles de 1949. D'autres vestiges ont été mis au jour entre 1957 et 1959 par A. Glory. Tous ces objets constituent une formidable collection en accord avec l'importance des manifestations artistiques attribuées à la phase la plus ancienne du Magdalénien.*

the last time about the 8 th millenary B. P. The rainy conditions increased, meteoric water infiltrated more abundantly into the calcareous rock of the porch. The rock face altered and broke down because of the dissolution and frost. The Magdalenian ground was quickly encumbered and the main entrance was reduced and disappeared. The filling-in became permanent after the second cave-in and the collapse of the porch. After that the cave didn't receive any human visit.

As the access was closed the remains on the ground (tools, palettes and ochre, assegai etc.) were all sealed and bedded into a white calcite covering. This carbonated deposit called « the floor » is mixed with intermittent water flow strongly charged with carbonate of calcium. This is the evidence of the past that H. Breuil and S. Blanc found on the first excavation in 1949. Other remains were found from 1957 to 1959 by A. Glory. All these things constitute a remarkable collection in harmony with the importance of the artistic manifestation attributed to the remotest Magdalenian * period.

Nashorn zeichneten (Bild S. 39). Dieses Tier lebte in klimatisch kalten Zonen. In anderen Höhlen wurden Mammuts gezeichnet.

Die wolligen Nashörner, sowie die Mammuts lebten in einer, für das Abnehmen der Temperaturen, typischen Steppenlandschaft. Man nennt diese kalte Zeitspanne « Wurm IV* ». Sie beginnt ungefähr mit dem 8. Jahrtausend v. Chr.. In dieser Epoche war die Lascaux-Höhle zum letzten Mal bewohnt.

« suelo » está asociado a derrames intermitentes de agua fuertemente cargada de carbonato de calcio. Son esos testigos del pasado los que H. Breuil y S. Blanc encontraron cuando las excavaciones de 1949. Otros vestigios han sido encontrados entre 1957 y 1959 por A. Glory. Todos esos objetos constituyen una formidable colección en acuerdo con la importancia de manifestaciones artísticas atribuidas a la fase más antigua del Magdalenien *.

Nef (paroi gauche). La paroi est localement recouverte par une croûte calcique et ferrugineuse indurée de teinte bistre à marron. Sur ce support rigide et fragile, les artistes ont peint la scène dite des « bisons dos à dos » (plan p. 11, n° 13).

VISITONS LA GROTTE

A Lascaux, tout a débuté le 12 septembre 1940, lorsque quatre jeunes gens découvrirent la caverne dans les bois. Selon une vieille légende, un souterrain partait de l'ancien château de Montignac, passait sous la Vézère et atteignait le manoir de Lascaux. De là, un nouveau souterrain aurait été creusé vers les bois pour y cacher un trésor et cette idée de trésor, conduisit les adolescents au trou de la découverte. Celui-ci se présentait sous la forme d'un petit affaissement du sol, entouré de broussailles, et avait environ 60 cm de profondeur et 80 cm de largeur. Il se prolongeait par un orifice étroit que les jeunes agrandirent en faisant rouler quelques pierres. C'est cet orifice étroit qu'ils empruntèrent en se laissant glisser le long d'un cône d'éboulis avant d'atteindre une grande salle obscure.

Ce premier accès a disparu et de nos jours, nous pénétrons dans la cavité par une porte monumentale. Poussons cette porte et après avoir franchi les sas, descendons quelques marches. Nous arrivons ainsi dans la grande salle appelée maintenant « Salle des Taureaux » (S. T., cf. plan p. 11). Là, dans l'atmosphère feutrée et particulière qui règne sous terre, nous ressentons déjà une sensation que nous ne retrouvons pas dans les autres cavités ornées. Le contact (visuel) avec les premières peintures donne immédiatement l'impression d'une véritable composition artistique. Il s'agit presque d'une mise en scène que l'on ne retrouve nulle part ailleurs.

Dans la plupart des autres grottes, les figures animales paraissent statiques au premier abord, presque sans vie ; ici au contraire tout semble ordonné et harmonieux et plein de mouvement. Parlons d'abord des taureaux (aurochs) qui donnent leur nom à cette vaste

LET'S VISIT THE CAVE

At Lascaux, everything started on the 12th of September 1940, when 4 young people discovered the cave in the woods. According to an old legend there was an underground passage from the ancient Montignac castle which went under the Vézère to Lascaux Manor. From there another underground passage was supposed to have been dug in order to hide a treasure. This idea of treasure led the teenagers to the hole where they made the discovery. There was a sort of small depression in the ground surrounded by undergrowth. It was about 60 cm deep and 80 cm wide, it extended into a narrow hole that the young people widened by taking out a few stones, they slid along a rock strewn passage and reached a long dark chamber.

The original entrance has disappeared and now one enters the cave through an enormous door. Let's push open this door and walk through the airlock, down a few steps where we reach a large room now called « the Bulls Hall ». Here in the atmosphere which is so special to the underground world we get a sensation that is found in no other ornate caves. The visual contact with the first paintings immediately gives the impression of a fabulous artistic composition. It's a setting that's almost unknown anywhere else.

In most other caves the pictures of animals look static, at first glance, almost lifeless. Here on the contrary everything appears to be ordered, har-

EIN BESUCH IN DER GROTTE

Alles fing am 12. September 1940 in Lascaux an, als vier junge Leute eine Höhle in den Wäldern entdeckten. Nach einer alten Legende ging von dem ehemaligen Schloß Montignac ein unterirdischer Gang fort, der unterhalb des Flusses Vézère verlief und am Schloss von Lascaux ankam. Von dort aus soll ein neuer unterirdischer Gang in Richtung der Wälder gegraben worden sein, um dort einen Schatz zu verstecken. Die Idee des Schatzes führte die Jünglinge zum Höhleneingang, um auf Entdeckungsreise zu gehen. Der Höhleneingang war eine Vertiefung in der Erde, umgeben von Sträuchern, welche ungefähr 60 cm tief und 80 cm breit war. Er verlängerte sich durch einen schmalen Gang, den die jungen Leute vergrößerten, indem sie einige Felsen beiseite rollten.

Dieser erste Einstieg ist verschwunden und bis heute betreten wir die Grotte durch eine grosse Tür. Öffnen wir diese Tür, so gehen wir nach einigen Schritten eine Treppe hinunter und gelangen zu einem großen Saal, der heute « Saal der Stiere » genannt wird (siehe Plan S. 11). Dort in der besonders dumpfen Atmosphäre, die unter Tage herrscht, spüren wir schon eine Sensation, die wir in anderen bemalten Höhlen nicht finden. Der Kontakt mit den ersten Malereien gibt sofort den Eindruck einer wirklichen künstlerischen Gestaltung, es handelt sich beinah um eine Inszenierung, die man sonst nirgendwo findet.

In den meisten anderen Grotten erscheinen die Tierfiguren statisch, fast

VISITEMOS LA GRUTA

En Lascaux todo ha empezado el 12 de septiembre de 1940 cuando cuatro jóvenes descubrieron la cueva en los bosques. Según una vieja leyenda, un subterráneo salía del antiguo castillo de Montignac, pasaba bajo la Vézère y alcanzaba la casa de campo de Lascaux. Desde allí otro subterráneo había sido excavado para esconder un tesoro. Esta idea de tesoro, llevó a los adolescentes al agujero del descubrimiento. Este último se presentaba bajo la forma de un pequeño hundimiento del suelo, rodeado por malezas. Medía unos 60 centímetros de profundidad. Se prolongaba por un orificio estrecho que los jóvenes ensancharon haciendo rodar algunas piedras. Es este orificio estrecho el que tomaron dejándose resbalar a lo largo de un cono de desprendimiento antes de alcanzar una gran sala obscura.

El primer acceso ha desparecido y ahora accedemos a la cavidad por una puerta monumental. Empujemos esta puerta y después de haber pasado los compartimientos estancos descendamos algunos escalones. Así llegamos a la gran sala llamada actualmente « Sala de los toros » (S. T. cf. mapa). Allí, en la atmósfera silenciosa y particular que reina bajo tierra experimentamos una sensación que no encontramos en las otras cavidades adornadas. El contacto (visual) con las primeras pinturas da en seguida la impresión de una verdadera composición artística. Se trata de una escenografía que no volvemos a encontrar en ninguna otra parte.

En la mayoría de las otras grutas, las figuras animales parecen estáticas a primera vista, casi sin vida. Aquí al contrario todo parece y harmonioso y lleno de movimiento. Hablemos primero de los toros (uros, que dans su nombre a esta gran sala). Son cinco y se

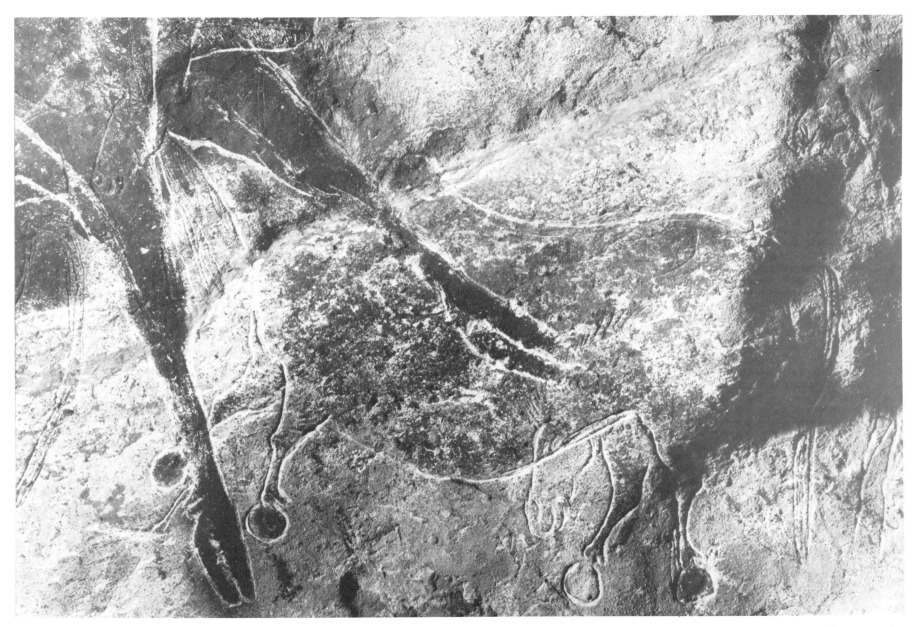

Nef (détail de la zone antérieure à la vache noire). L'altération de la tranche très superficielle du support rocheux a provoqué une microdesquamation des peintures. La dégradation était ici extrêmement lente car la roche, exempte de suintement, était usée par les courants d'air (plan p. 11, n° 14).

salle. Ils sont au nombre de cinq et se caractérisent par leur grande taille. Le premier (en noir) est malheureusement en très mauvais état. Le second peint en noir également a une longueur de 4 m environ ; nous soulignerons à ce sujet l'allure des pattes, le poitrail, une partie de la ligne dorsale et l'énorme tête mouchetée. Il se trouve superposé à un grand cheval au corps rouge et à la tête noire.

L'examen de ces premières peintures nous amène tout de suite à évoquer le problème de la chronologie des œuvres. Les teintes qui dominent dans cette partie de la salle sont les rouges, les jaunes et les noirs. Il est admis que les dessins en rouge et en jaune sont les plus anciens et révélateurs des techniques (picturales) les plus primitives. Ces notions d'antériorité relative des œuvres d'art les unes par rapport aux autres sont abandonnées au profit d'une chronologie plus exacte. Il y a une trentaine d'années l'abbé H. Breuil, en se basant sur la technique même des peintures, et en comparant avec des objets mobiliers (pointes de flèches et de sagaies, bois de rennes et cs gravés, lames de silex taillés), trouvés dans les couches archéologiques, faisait remonter les peintures à l'Aurignacien supérieur,* c'est-à-dire à une période estimée à l'époque entre 25 et 30 000 ans B.P.* Plus tard, les datations au C₁₄ faites à partir de restes de charbons de bois prélevés en différents points de la grotte, donnèrent un âge voisin de 17 000 ans B.P. Actuellement, les préhistoriens font remonter l'ensemble des peintures entre 15 et 17 000 ans B.P.

Quoiqu'il en soit, l'absence d'éléments radio-actifs contenus dans les oxydes de fer et de manganèse qui constituent les peintures, interdit toute utilisation de la radiochronologie au niveau même des pigments.

Après ces considérations, dont la plupart restent à l'état d'hypothèse,

monious and full of movement. Let's talk first of all about the bulls (aurochs) which give this huge room its name. There are five of them characterized by their size. The first one is black and unfortunately in rather bad condition. The second one also painted in black is about four yards long, note the beauty of the legs, the breast, part of the dorsal line and the huge spotted head which is superimposed over a great horse with a red body and a black head.

The inspection of these paintings leads us to consider the chronology of these works. Red, yellow and black are the dominating colours in this part of the room. The red and yellow drawings are considered to be the earliest and reveal the most primitive technology. The problem of interdating the works of art have been abandoned for a more precise chronological technique. About 30 years ago Abbot H. Breuil, considered the technique of the paintings itself and compared it with the artifacts (spears, engraved bones, silex) which were found in the archeological strata, dated the pictures as being of the early Aurignacian* period, that's to say 25 000 to 30 000 years old, later on C₁₄ dating executed on bits of charcoal taken from the different parts of the cave gave the result of about 17 000 years B.P. Nowadays prehistorians consider the paintings to date from the beginning of the Magdalenian period that would put the work between 15 000 to 17 000 years old.

However the absence of radio active elements in the iron oxide and of manganese which were used in the paintings, eliminates the use of the radio chronology technique.

After these considerations the greater number of which are but hypotheses, let's study the nature of the coloured pigments for which we have

ohne Leben ; hier jedoch erscheint alles geschmückt und harmonisch in der Ganzheit der Bewegung. Wir wollen zuerst von den Stieren (Auerochsen), sprechen, die diesem großen Saal ihren Namen geben, es handelt sich um 5 Stiere, die durch ihre enorme Grösse auffallen. Der erste (in Schwarz) ist unglücklicherweise in einem sehr schlechten Zustand. Der Zweite, ebenfalls in schwarz gemalt, hat eine Länge von ungefähr 4 Metern. An diesem Exemplar fällt die Stellung der Pfoten, die Brust, ein Teil der Rückenpartie und der riesige, gescheckte Kopf auf. Es übermalt das Bild eines Pferdes mit rotem Körper und schwarzem Kopf.

Die nähere Betrachtung dieser ersten Malereien führt uns zu der Frage der Chronologie der Werke. Die Farben, die in diesem Teil des Saales überwiegen, sind rot, gelb und schwarz. Es liegt nahe, daß die roten und gelben Zeichnungen die ältesten sind und die einfachsten Zeichentechniken enthüllen. Diese Begriffe der relativen Vorgeschichtlickeit eines Kunstwerkes zum anderen sind zugunsten einer exakteren Chronologie aufgegeben worden.

Vor 30 Jahren datierte der Abt H. Breuil die Malereien dem « Aurignacien supérieur* » Zeitalter zu, das heißt einer Periode um ungefähr 25 bis 30 000 Jahre vor B.P.* Dabei stützte er sich ausschliesslich auf die Technik der Malereien, indem er sie mit Gebrauchsgegenständen verglich (Pfeil und Speerspitzen, Geweihe der Rentiere, geschnitzte Knochen, geschnittene Klingen aus Fenestein), die auf archeologischen Feldern gefunden wurden. Später gaben die Datierungen nach der C₁₄ Methode die mit Resten von Holzkohle an verschiedenen Stellen der Höhle gesammelt, gemacht wurde ein Nachbarzeitalter von 17 000 Jahren B.P. an. Neuerdings datieren die Frühhistoriker die Gesamtheit der

caracterizan por su gran tamaño. El primero (en negro) está desgraciadamente en muy mal estado. El segundo pintado en negro igualmente mide unos 4 metros de largo. Subrayaremos a su propósito el aspecto de las patas, el pecho, una parte de la línea dorsal y la enorme cabeza moteada. Se encuentra sobrepuesto a un gran caballo de cuerpo rojo y cabeza negra.

El examen de estas primeras pinturas nos lleva en seguida a evocar el problema de la cronología de las obras. Los colores que dominan en esa parte de la sala son los rojos, los amarillos, y los negros. Se admite que los dibujos en rojo y en amarillo son los más antiguos y son reveladores de las técnicas (pictóricas) más primitivas. Esas nociones de anterioridad relativa de las obras de arte las unas respecto a las otras están abandonadas al provecho de una cronología más exacta. Hace unos 20 años, el padre H. Breuil, basándose sobre la técnica misma de las pinturas, y comparando con objetos mobiliaros (lanzas, huesos grabados, silex etc...) encontrados en las capas arqueológicas databa las pinturas del Aurignacien superior * es decir un período estimado en la época entre 25 y 30 000 años B.P.*. Más tarde, las dataciones al C 14 hechas a partir de residuos de carbón de leña prelevados en distintos puntos de la cueva dieron una edad vecina de 17 000 años B.P. Actualmente los préhistóricos hacen remontar el conjunto de pinturas al principio del Magdalenien lo que situaría las obras entre 15 y 17 000 años B.P.

Sea lo que sea la ausencia de elementos radio-activos contenidos en los oxidos de hierro y de manganeso que constituyen las pinturas, prohibe toda utilización de la radiocronología al nivel mismo de los pigmentos.

Después de dichas consideraciones cuya mayoría se queda al estado de

*Nef (paroi droite). Ici, les calcaires finement détritiques, étaient poreux et perméables dans la masse. L'eau de suintement a déposé à l'époque **un voile de calcite blanche**. C'est sur ce support « vaporeux » que la scène des cerfs a été peinte (plan p. 11, n° 15).*

voyons rapidement la nature des pigments colorés pour lesquels nous avons plus de preuves (tangibles). Les tracés noirs, analyses à l'appui, sont en fait des oxydes stables de manganèse. Les rouges et les jaunes sont à base d'oxyde ferrique et ferreux. Tous ces colorants ont pu être récoltés par les magdaléniens à l'affleurement des dépôts sédimentaires datés du Sidérolithique (Ere Tertiaire) .

En nous rapprochant de la paroi, nous voyons mieux les différentes techniques d'application des colorants ; trois se différencient aisément.

Pour l'une, le contour des animaux — comme celui des taureaux — a été obtenu en frottant sur la paroi des bâtonnets taillés ou des fragments de couleur recueillis, quelque part aux alentours de la grotte, dans des zones de concentration de fer et de manganèse. Dans la salle des taureaux en particulier, le concrétionnement rugueux qui recouvre les parois accroche et retient les grains de couleur.

Dans d'autres cas, en nombre plus restreint, un véritable tamponnage semble avoir été réalisé à partir de l'application de poignées d'herbes et de mousses (hypothèse). Une telle application donne cet aspect pommelé que l'on remarque sur l'encolure du cheval (photo p. 18).

Ailleurs encore, des pulvérisations ou des projections sur la paroi humide ont été faites à l'aide d'un chalumeau ou d'une sarbacanne. Les colorants liquides ou en poudre, utilisés dans ce cas, ont permis d'obtenir des couleurs fondues qui donnent toute cette légèreté et cette évanescence aux teintes. Le mufle du taureau (photo p. 19) a été peint de cette façon et nous voyons toute la différence entre le trait frotté et le mufle soufflé. Cette technique suggère au mieux la réalité, et le frémissement dû aux fonctions vitales de l'animal (respiration).

Après le quatrième taureau, lui aussi

more tangible proof. The black traces, after analysis proved to be stable oxide of manganese, the red and the yellow are composed of ferric and ferrous oxide. Magdalenian man could collect all these colourings from the outcrop of the sedimentary deposit dated from the siderolithic (Tertiary era).

Approaching the wall, the different techniques of application of the colourings can be easily seen.

In one of them, used in the case of the bulls, the outline of the animals has been obtained by rubbing sharpened sticks on the wall, or fragments of colour found around the cave in places where there was a lot of iron and manganese. In the bulls room, in particular, the rough concretion deposits which cover the walls retain the colour particles.

In other cases, not so numerous, a real dabbing technique seems to have been used with the application of tufts of grass and mosses (hypothesis). Such an application gives the dapple aspect which can be seen on the horse's neck (photo p. 18).

Stills others are made with a spraying or throwing technique on the wet wall using a reed pipe or blow pipe. The well blended colours in this particular case which were obtained by the use of liquid or powdered dyes give the lightness and the ephemeral effect of the colourings, the bull's muzzle (photo p. 19), was painted this way and the difference between the rubbed drawing and the muzzle which was sprayed can easily be seen. This technique is the best to suggest reality and the quivering due to the breathing.

The 4 th bull is also very exquisitely painted, its breast encloses a small deer with a very tiny head. After this bull we come upon one of the most magnificent prehistoric paintings discovered up to now. The bull painted

Malereien zwischen 15 und 17 000 Jahren B. P.

Nach diesen Betrachtungen, von denen die meisten hypothetisch bleiben, wollen wir schnell die Natur der Farbpigmente betrachten, für die wir mehr Beweise haben. Analysen haben ergeben, daß die schwarzen Spuren aus konstanten Maganoxyden bestehen, die gelben und roten Farben sind aus Eisenoxyden. Alle diese Farben konnten von den Magdalenien vorgefunden werden, als die Bodensätze, die vom siderolithischen Zeitalter (Tertiär)* her datieren, zu Tage traten.

Wenn wir uns der Höhlenwand nähern, sehen wir besser die verschiedenen Techniken im Gebrauch der Farben. Drei Techniken lassen sich leicht unterscheiden. Zum einen, wurden die Umrisse der Tiere-wie die der Stiere graviert-mit Hilfe von gespitzten Zweigen oder Farb steinen, die man im Umkreis der Grotte, in einem Gebiet, wo es viel Eisen und Mangan gab, vorfand. Besonders im Saal der Stiere läßt die rauhe Steinoberschicht, die die Höhlenwände bedeckt, die Farben haften und festhalten.

Zum Anderen und in geringerer Anzahl scheint eine enorme Ausstopfung der wände vorgenommen worden zu sein, in dem man eine Handvoll Blätter und Moos an die Wände haftete (hypothetisch). Der tupfenförmige Aspekt, den man am Hals des Pferdes bemerkt, rührt von dieser Technik her (Bild S. 18).

Darüber hinaus sind die Pulverisierungen oder die Projektionen auf den feuchten Höhlenwänden mit Hilfe eines Blasrohrs getätigt worden. Mit diesen flüssigen und puderförmigen Farbstoffen, die in diesem Fall angewandt wurden, erreichte man ein Verschmelzen der Farben, was der Farbschicht die Klarheit und Trans-

hipotesis, veamos rapidamente la naturaleza de pigmentos colorados para los cuales tenemos más pruebas (Tangibles). Los trazados negros, con análisis en la mano, son de hecho oxidos estables de manganeso. Los rojos y los amarillos son a base de oxido férrico y ferruginoso. Todos esos colorantes han podido ser recogidos por los magdalenianos al afloramiento de depósitos sedimentarios del Siderolíthicó datados (Era Terciaria).

Al acercarnos a la pared vemos mejor las diferentes técnicas de aplicación de colorantes. Tres técnicas se diferencian comodamente.

Una, el contorno de los animales, como el de los toros, ha sido obtenida frotando sobre la pared palitos cortados o fragmentos de color recogidos en alguna parte alrededor de la cueva en zonas de concentración de hierro y de manganeso. En la sala de Toros en particular el concrecionamiento rugoso que recubre las paredes fija los granos de color.

En otros casos, en número más reducido, un verdadero tamponaje parece haber sido realizado a partir de matas de hierba y de musgo (hipótesis). Tal aplicación da ese aspecto tordo que se encuentra en el cuello del caballo (foto p. 18).

En otra parte todavía, pulverizaciones o proyecciones sobre la pared húmeda han sido fijadas con la ayuda de un soplete o de una cerbatana. Los colorantes líquidos o en polvo utilizados en este caso han permitido obtener colores fundidos que dan toda esa ligereza y esa evanescencia a los colores. El morro del toro (foto p. 19) ha sido pintado de esa forma y vemos toda la diferencia entre el rasgo frotado y el morro soplado. Esta técnica sugiere mejor la validez y el estremecimiento debido a las funciones vitales del animal (respiración).

Au fond du puits, la paroi est recouverte par une croûte calcique cristallisée et « brillante ». Là encore les artistes ont su faire preuve d'un choix judicieux en dessinant cette scène par application de manganèse noir calcifié ultérieurement (plan p. 11, n° 16).

de très belle facture et dont le poitrail enserre un petit cervidé à la tête fine, nous arrivons devant l'une des plus grandes peintures préhistoriques connue à ce jour. Ce taureau, peint sur la paroi droite de la salle, mesure 5,50 m de long en diagonale entre les cornes et la queue. C'était certainement l'œuvre la plus extraordinaire, mais un bloc de pierre s'est détaché au niveau de la tête et les fragments rocheux sans peinture ont été retrouvés sur le sol à l'époque de la découverte. L'arrière-train également, dessiné sur une zone rocheuse, est en mauvais état.

Dans ce secteur, le support n'est pas revêtu comme ailleurs par de la calcite. Il se trouve en plus dans une concavité léchée par des courants d'air provenant d'une galerie voisine ou Diverticule de Droite (D. D.). Il faut savoir que 90 % des peintures y ont été détruites naturellement sous l'effet abrasif et continu de ces courants d'air.

Pour revenir à la salle des taureaux, ici comme ailleurs, nous trouvons de nombreux signes de toutes sortes, ponctuations - traits - quadrillages - flèches etc. Nous en signalerons un en particulier, c'est un trait lancé sur le mufle du dernier taureau.

Cet ensemble pictural que nous venons d'évoquer brièvement constitue selon l'expression de M. le Professeur A. Leroi-Gourhan : « la frise la plus monumentale de tout l'art préhistorique ».

Poursuivons la visite par la galerie de droite ; c'est la partie la moins bien conservée de la caverne. Une des peintures que nous examinons (photo p. 69) révèle ce qui s'est passé. Sur le concrétionnement de calcite blanche nous distinguons très bien deux pattes postérieures, les sabots avant, le ventre d'un grand cheval. Le reste de l'animal n'existe plus et le tracé peint a disparu. Il n'y avait pas partout de concrétionnement de calcite et la surface rocheuse

on the right hand wall of the room is 5 1/2 metres long from the horn to the tail. It certainly is the most beautiful work of art, but a piece of stone has fallen from the head. Bits of rock without any paint on were found on the ground at the time of discovery. The hind quarters were also drawn on a deteriorated rock face and so are in a very bad state.

In this area, the support is not covered with calcite as it is everywhere else. What's more it happens to be in a concavity swept by draughts from a nearby right hand gallery. In this gallery 90 % of the paintings have been destroyed naturally because of the abrasive action and permanent effect of these draughts.

Going back to the bulls room, here as in other places we find many symbols of all kinds : punctuations, lines, geometrical grids and arrows, etc... We point out one in particular, it is a line drawn on the muzzle of the last bull.

This pictorial set that we've just evoked constitutes as M. le Professeur Leroi-Gourhan puts it : « the most colossal frieze of all prehistoric art ».

Let's go into the right hand gallery, it is the worst preserved part of the cave. One of the frescoes we shall study (photo p. 69) will show us what has happened. On the white calcite deposit we can distinguish : two back legs, the anterior hoofs and the belly of a big horse. The rest of the animal doesn't exist any more, the drawing has disappeared. The calcite was not deposited everywhere, the rocky surface was very fragile and has been slowly deteriorated by the draughts we have already mentioned. The wall disintegrated grain after grain.

Indeed, a certain amount of imagination is necessary to realize that all

parenz gibt. Die Nase des Stieres (Bild S. 19) ist in dieser Art gemalt worden und wir sehen den ganzen Unterschied zwischen den aufgeriebenen Zeichnungen und der geblasenen Nase. Diese Technik suggeriert am Besten die Wirklichkeit und die Aktivität aufgrund der vitalen Lebensfunktion des Tieres.

Nach dem vierten Stier, welcher auch eine sehr schöne Zeichnung ist und dessen Brust ein kleines Reh mit zartem Kopf umschliesst, kommen wir zu einer der größten Prähistorischen Malereien, die bis heute bekannt sind. Dieser Stier, der auf der rechten Höhlenwand des Saales gemalt ist, mißt 5,50 m in der Breite zwischen Hörnern und Schwanz. Das war sicherlich das außergewöhnlichste Werk, aber ein Steinblock im Bereich des Kopfes ist herausgebrochen und die Felsstücke ohne Farbe sind zum Zeitpunkt der Entdeckung auf dem Boden gefunden worden.

In diesem Bereich ist der Felsen nicht wie anderorts von Kalzit bedeckt. Darüber hinaus befindet er sich in einer Einbuchtung mit viel Wind, der aus einer Nachbargalerie kommt (Diverticule de Droite = D. D.). Man muß wissen, daß in diesem Flur 90 % der Bilder auf natürliche Weise durch die Luftströme zerstört worden sind.

Um auf den Saal der Stiere zurückzukommen, hier wie auch an anderen Stellen finden wir Zeichen verschiedener Art, Punkte, Linien, quadratische Felder, Pfeile u. s. w... Wir machen auf etwas besonderes aufmerksam : Ein Bolzen, der über die Nase des letzten Stierbildes gezogen wurde.

Nach den Worten von Prof. Leroi-Gourhan stellt die bildnerische Zusammensetzung, die wir hier kurz hervorheben wollen « den monumentalsten Fries (Wandzeichnung) der prähistorischen Kunst » dar. Setzen wir

Después del cuarto toro, también de muy bella forma y cuyo pocho encierra un pequeño cérvido con la cabeza fina, llegamos delante de una de las más grandes pinturas prehistóricas conocidas en este día. Ese toro, pintado sobre la pared derecha de la sala mide 5,50 m de largo en diagonal entre los cuernos y la cola. Era ciertamente la obra más extraordinaria, pero un bloque de piedra se desprendió al nivel de la cabeza y los fragmentos rocosos sin pintura fueron encontrados sobre el suelo en la época del descubrimiento. La parte atrás igualmente dibujada sobre una zona rocosa alterada, está en mal estado.

En este sector el soporte no está cubierto como en otras partes de calcita. Se encuentra además en una concavidad bañada de corrientes de aire que provienen de una galería vecina o Divertículo de Derecha (D. D.). Hay que saber que en este pasillo, el 90 % de pinturas han sido destruidas naturalmente bajo el efecto abrasivo y continuo de dichas corrientes de aire.

Para volver a la sala de los toros, aquí como en otras partes nos encontramos con numerosos signos de todas clases ; puntuaciones - rayas - cuadrículas - flechas etc... Señalaremos uno en particular. Es una saeta disparada contra el morro del último toro.

Ese conjunto pictural que acabamos de evocar brevemente constituye, segun la expresión del Señor Profesor Leroi-Gourhan : « El friso más monumental de todo el arte prehistórico ».

Seguiremos la visita por la galería de derecha, es la parte peor conservada de la caverna. Una de las pinturas que examinamos (foto p. 69) revela lo sucedido. Sobre el concrecionamiento de calcita blanca distinguimos muy bien dos patas posteriores, los cascos delanteros, el vientre de un gran caballo. El resto del animal no

Un rhinocéros laineux a éventré d'un coup de corne un bison et s'enfuit (hypothèse). Ce dernier rendu furieux a tué un chasseur armé d'un totem. Cette scène saisissante révélée en deux clichés, souligne la dynamique extraordinaire des œuvres peintes à Lascaux (plan p. 11, n° 17).

naturellement très fragile a été détériorée peu à peu par le courant d'air évoqué précédemment. La paroi a été désagrégée grain par grain.

Certes, il faut peut-être un peu d'imagination, mais nous pensons qu'à l'époque magdalénienne, toutes ces parois et le plafond qui les domine étaient recouverts de tracés peints comme en témoignent les restes de colorants préservés dans les anfractuosités les mieux protégées. Ce support fragile et tendre qui n'est pas favorable à la conservation des peintures est au contraire un matériau de choix pour la gravure. Les parois comportent les ciselures les plus fines de la grotte et les plus belles comme celles du petit cheval (photo p. 41). Ce dernier animal étant rehaussé par de la couleur noire qui s'est maintenue en partie grâce à la forte humidité de l'air. Ce qui est extraordinaire pour cette gravure, c'est le fait que toute la tête semble être construite et tracée autour de deux petites prohéminences surmontant l'œil. Ce détail révèle la maîtrise, le sens aigu de l'observation et l'intelligence de l'homme du Magdalénien. •

Toujours dans cette galerie et un peu plus loin à gauche, il y a là une composition située entre deux signes, l'un au début de la frise en forme de barrière, l'autre après un bison. Leur interprétation peut évoquer des symboles de trappes ou de pièges, préfigurant une scène de magie de chasse. Le bison de droite peint et aux contours gravés est percé de sept flèches également gravées. S'agit-il de pratiques d'envoûtement pour favoriser la chasse ? A côté, le panneau des chevaux comprend au centre un étalon à forte crinière, percé également de sept flèches. Il suit une jument noire à tête plus fine et allongée, dont la jambe antérieure droite est curieusement lancée vers un piège. Plus bas, nous voyons deux autres chevaux de

the walls and the ceiling were covered with paintings during the Magdalenian period, the remains of colouring which can be found in the better protected anfractuosities are sufficient evidences. This soft and fragile support is not favourable to the preservation of the paintings but on the other hand it is a good material for engraving. On the walls are the finest chiselled markings in the cave, such as « the small horse » (photo p. 41). This animal is enhanced by its black colourings which has been partly preserved thanks to the humidity in the air. The most extraordinary thing about this drawing is the fact that the whole head seems to have been drawn and constructed around two small protuberances over the eye. This detail reveals the craftmanship, the acute sense of observation, and the intelligence of the Magdalenian man.

In this gallery, a little further to the left, there is also a composition placed between two symbols ; the first one at the beginning of the fresco representing a barrier, the second one behind a bison. They could be interpreted as being trap symbols or/and snares foreshadowing a magical hunting scene. The bison on the right is drawn and has a carved outline, the animal is pierced by seven arrows which are also carved. Are these magic practises in order to make the hunt more favourable ? Close by, the horses panel, includes, in the centre, a stallion with a heavy mane also pierced by seven arrows. It is following a black mare with a fine and elongated head, the front leg of which is curiously stretched towards a trap. Lower down there are two more beautifully drawn horses with small heads and powerful necks. One of them has a long and very bushy tail. Next, there is a long cavalcade of pregnant mares. The black cow, superimposed over the mares, has an extraordinary fine head, its belly is exaggerated by the presence of two

den Besuch fort in die Galerie nach rechts. Das ist der Teil der Höhle, der am Schlechtesten erhalten ist. Eine der Fresken, die wir untersuchen, enthüllt, was geschehen ist (Bild S. 69). Auf der weißen Kalzitdecke unterscheiden wir zwei Hinterpfoten, die Vorderhufe und den Bauch eines großen Pferdes.

Man braucht vielleicht ein bißchen Fantasie, aber wir glauben, daß in der magdalenischen Epoche all diese Wände und Decken mit Zeichnungen bemalt waren, wie die Reste der erhaltenen Farben in den am besten geschützten Nischen es bezeugen. Diese zerbrechliche und zarte Decke, die für die Erhaltung der Farben nicht geeignet ist, ist im Gegensatz ein sehr gutes Material für Gravierung. Die Höhlenwände enthalten die feinsten Gravierungen der Grotte, und auch die schönsten wie jene vom kleinen Pferd (Bild S. 41). Dieses letzte Tier, welches zusätzlich in schwarzer Farbe ist, hat sich aufgrund der starken Luftfeuchtigkeit erhalten. Das Außergewöhnliche an dieser Gravierung ist der Kunstgriff des Malers : Er formte und zeichnete den Kopf um zwei kleine Wölbungen herum, welche das Auge hervortreten lassen. Dieses Detail kennzeichnet das Meisterwerk, die starke Gabe der Betrachtung und die Intelligenz der magdalenischen Menschen. *

Noch in dieser Galerie und etwas weiter links gibt es eine Komposition, die zwischen 2 Zeichen liegt : das eine am Anfang des Fries in Form eines Gattertors, das andere hinter einem Bison. Die Symbole der Fallen oder Fallgruben lassen die Interpretation zu, daß es sich um Jagdszenen handelt. Das rechte Bison, welches gemalt und dessen Umrisse graviert sind, ist von sieben Pfeilen durchbohrt, die ebenfalls graviert sind. Handelt es sich um Zauberpraktiken, um die Jagd zu begünstigen ?

existe y el trazado pintado ha desaparecido. No había por todas partes concrecionamiento de calcita y la superficie rocosa naturalmente muy frágil ha sido deteriorada poco a poco por la corriente de aire evocada antes. La pared ha sido desagregada grano tras grano.

Por cierto, a lo mejor, un poco de imaginación es necesaria pero podemos pensar que en la época magdaleniana todas esas paredes y el techo que las domina estaban cubiertas de trazados pintados como demuestran los restos de colorantes preservados de las infractuosidades mejor protegidas. Ese soporte frágil y tierno que no es favorable a la conservación de pinturas, es al contrario un material de calidad para el grabado. Las paredes recelan los cinceladuras más finas y más bellas de la cueva, como las del pequeño caballo (foto p. 41). Sierido ese último animal realzado por el color negro que se ha mantenido en parte gracias a la fuerte humedad del aire. Lo que es extraordinario para este grabado, es el hecho de que toda la cabeza parece haber sido construida y trazada al rededor de dos pequeñas prominencias que coronan el ojo. Ese detalle revela la habilidad, el sentido agudo de observación y la inteligencia del hombre del Magdaleniano.

Siempre en esa galería y un poco más lejos a la izquierda hay una composición situada entre dos signos, uno al principio del friso en forma de barrera, la otra después del bisonte. Su interpretación puede evocar símbolos de trampas, prefigurando una escena de magia de caza. El bisonte de la derecha pintado y grabado en los contornos está traspasado por siete flechas igualmente grabadas. ¿ Se tratará de prácticas de embrujamiento para favorecer la caza ? Al lado el tablero de caballos comprende al centro un caballo con fuerte melena traspasado también por siete flechas.

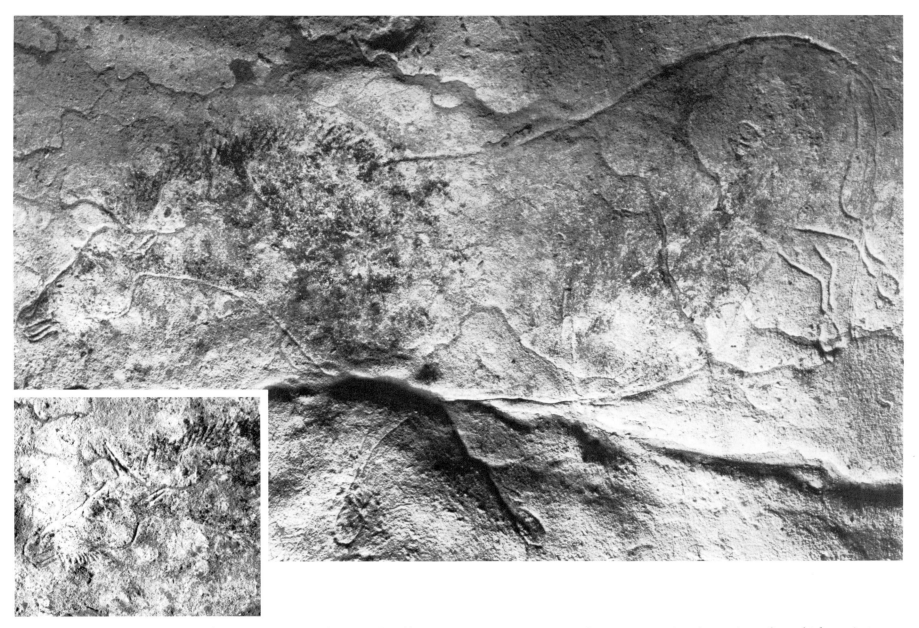

La maîtrise de la gravure sur roche atteint ici la perfection. En effet, cette représentation animale gravée sur les deux plans d'un dièdre calcaire est centrée sur une granule de calcite en saillie. Cette granule blanche représente en fait l'œil du cheval (plan p. 11, n° 18).

belle facture, la tête fine, l'encolure puissante. L'un d'entre eux possède une très longue queue, très fournie. A côté encore, apparaît une longue cavalcade de juments gravides. La vache noire superposée aux juments a une tête extraordinairement fine, un ventre aux dimensions exagérées par la présence de deux tracés. La croupe est elle-même reprise plusieurs fois. Sans vouloir entrer dans des considérations d'ordre anatomique, peut-être pouvons-nous suggérer que l'artiste magdalénien a voulu évoquer l'évolution de la gestation (hypothèse).

Descendons vers le fond de la galerie qui s'ouvre devant nous, nous admirons à droite la frise des cerfs qui mesure au total plus de cinq mètres de long (photo p. 35). Chaque tête par ailleurs mesure un mètre de haut ; ces animaux au nombre de cinq, nous donnent l'impression de nager. Ils ont la tête levée, le cou tendu vers l'avant. Le premier de la série (à gauche) semble émerger de l'eau. Selon certains spécialistes ces attitudes seraient celles d'un cerf traversant un cours d'eau et saisi sous différentes positions. Selon d'autres personnes il s'agirait d'animaux traversant de hautes herbes. Quoiqu'il en soit, admirons ici ce scénario où la décomposition du mouvement reste remarquable.

Plus loin encore et à gauche, nous remarquons l'utilisation d'une concavité naturelle de la paroi ; deux bisons adossés, de 2,40 m de long, donnent l'impression de fuir dans deux directions opposées. Sur le plan du style, il n'y a pas superposition, les queues se croisent et la patte de l'animal de droite passe bien sur celle de l'animal de gauche. Nous sommes en présence ici d'une technique spécifique aux artistes de Lascaux ; il s'agit d'une manière très particulière de traiter toutes les pattes en second plan. Au niveau du membre postérieur droit du

lines. The rump has also been drawn several times. Without taking into consideration anatomical points, the Magdalenian artist may have been trying to suggest the evolution of pregnancy (hypothesis).

Let's walk down towards the bottom of the gallery in front of us. Here we can admire, on the right, the deer fresco which is more than five metres long (photo p. 35), each head is more than a metre high. These five animals seem to be swimming with their heads up and their necks outstretched. The first one, on the left, seems to be coming out of the water. According to some specialists, these attitudes represent a deer crossing a river, caught in different postures. Other people believe these animals to be running through tall grass. Whatever the case, let's admire this scene where the composition of movement is remarkable.

Further on, on the left, we notice the use of a natural concavity in the wall. Two bisons which are 2,40 m long and set back to back seem to be fleeing in opposite directions. From a stylistic point of view there is no superimposition ; the tails are crossed and the leg of the animal on the right passes well above that of the animal on the left. We now see a technique specific to the artists of Lascaux. It's a very particular way of treating all the legs in the background. The right hind leg of the bison, on the left, is slightly separated from the animal. The Magdalenian artist has purposefully left a space in order to give the impression of depth perspective. For the same reason the bisons are separated and surrounded by a white trace. This trick gives that extraordinary sensation of life unique to Lascaux. We also find it in other parts of the cave : the axial gallery for example.

Here is the end of the ornate part

Daneben sind Pferde aufgemalt, in der Mitte ein Hengst mit langer Mähne, ebenfalls von sieben Pfeilen durchbohrt. Er folgt einer liegenden Stute, deren rechtes Vorderbein merkwürdigerweise in eine Schlinge trabt. Weiter unten sehen wir zwei weitere Pferde, sehr schön gezeichnet, mit edlem Kopf und kräftigem Hals. Eins von ihnen hat einen sehr langen, dicken Schwanz. An der Seite erscheint noch eine große Herde trabender Stuten. Die Stuten sind von einer schwarzen Kuh übermalt, die einen außergewöhnlich feinen Kopf, aber einen übertrieben großen Bauch hat, der gleich zweimal gezeichnet wurde.

Steigen wir auf den Grund der Galerie hinunter, der sich vor uns öffnet. Wir bewundern rechts den Fries der Hirsche, der insgesamt mehr als fünf Meter lang ist (Bild S. 35). Jeder Kopf ist seinerseits wiederum mehr als 1 m hoch. Diese Tiere, fünf an der Zahl, vermitteln uns den Eindruck, als würden sie schwimmen. Sie halten den Kopf nach oben und den Hals nach vorn gerichtet. Der erste in der Folge (links) scheint aus dem Wasser herauszusteigen. Nach der Meinung gewisser Experten sind das die Posen eines Hirsches, der einen Fluß überquert und in diesen Posen gezeichnet wird.

Etwas weiter links bemerken wir die Ausnutzung einer natürlichen Einbuchtung der Höhlenwand. Zwei einander abgewandte Bison, 2,40 m lang, geben den Eindruck, als würden sie in zwei entgegengesetz Richtungen fliehen. Was die Zeichentechnik betrifft, so handelt es sich hier nicht um Übermalung. Die Schwänze kreuzen sich und die Pfote des rechten Tieres paßt gut mit der Pfote des linken zusammen. Das ist eine spezielle Technik der Künstler der Lascaux Höhle. Es handelt sich um eine besondere Technik, alle Pfoten im Hintergrund zu zeichen. Auf der Höhe der rechten

Sigue una yegua negra de cabeza más fina y alargada cuya pierna interior derecha está curiosamente lanzada hacia una trampa. Más abajo vemos dos caballos más, muy bien hechos, la cabeza fina y el cuello fuerte. Uno de ellos tiene una larga cola muy poblada. Al lado todavía aparece una larga cabalgata de yeguas grávidas. La vaca negra sobrepuesta a las yeguas tiene una cabeza extraordinariamente fina, un vientre con dimensiones exageradas por la presencia de dos líneas. La grupa misma está corregida varias veces. Sin querer entrar en consideraciones de orden anatómico, quizás podamos sugerir que el artista magdalenien ha querido evocar la evolución del embarazo (Hipótesis).

Bajemos hacia el fondo de la galería que se abredelante de nosotros, admiramos a la derecha la frisa de ciervos que mide en total más de cinco metros de largo (foto p. 35). Cada cabeza, por su parte, tiene más de un metro de alto, esos animales que son cinco, nos dan la impresión de nadar. Tienen la cabeza levantada, el cuello tendido hacia adelante. El primero de la serie (a la izquierda) parece salir del agua ; según ciertos especialistas esas actitudes serían las de un ciervo atravesando un río y captado en diferentes actitudes. Según otras personas se trataría de animales atravesando altas hierbas. Sea lo que sea, admiremos aquí ese escenario donde la descomposición del movimiento queda extraordinaria.

Más lejos todavía y a la izquierda notamos la utilización de una concavidad natural de la pared. Dos bisontes de espaldas de 2,40 m de largo dan la impresión de huir en dos direcciones opuestas. Sobre el plan del estilo, no hay superposición, las colas se cruzan y la pata del animal de derecha pasa bien encima de la pata del animal de izquierda. Nos encontramos aquí en presencia de una técnica específica de los artistas de Lascaux. Se trata de una

Fond du D. A. (à droite). Le recouvrement calcique très particulier est ici en forme de « choux-fleurs ». Sur ce support continu et mamelonné les colorants sont déposés de façon hétérogène et donnent un relief saisissant à la vache et aux poneys (plan p. 11, nº 4).

bison de gauche, la peinture ne se rattache pas complètement à l'animal. L'artiste magdalénien a volontairement laissé un blanc afin de donner cette impression de profondeur de champ, c'est-à-dire en fait de relief. De la même manière, les deux bisons sont séparés par un cerne blanc. C'est cette astuce qui donne cette vie extraordinaire et unique à Lascaux. On la retrouve également dans une autre partie de la grotte, le Diverticule Axial (D.A.)

Ici se termine la partie ornée de la galerie de droite. La grotte se prolonge certes, mais il faut emprunter un étroit passage où nous circulons en rampant. Cette extrémité est riche en fines gravures, réunies de façon anachronique et réalisée là encore de façon singulière (cheval vu de face - félins soufflant - bovidés aux énormes cornes).

Passons maintenant dans le diverticule axial. Nous sommes ici dans la partie où l'équilibre et la mise en place des peintures sont les plus remarquables et contrastent vivement sur un fond de décor naturel d'une blancheur immaculée (calcite). La composition y est aussi riche que dans la salle des taureaux et tout semble construit autour de deux thèmes essentiels : les chevaux et les bovidés. Au fond du diverticule et sur la paroi droite nous avons l'œil attiré par un quadrillage géométrique que nous assimilons à un piège ou une barrière. En avant de cette forme il y a la « vache qui saute ». Cet animal bicolore (noir et rouge) exprime le mouvement par l'allure de ses membres antérieurs tendus, écartés, alors que ceux en second plan sont détachés. Au niveau de l'arrière-train, le membre postérieur gauche est peint « dans » le corps de l'animal grâce à la figuration d'un cerne blanc. C'est une vache qui tente de ralentir, de « freiner » et qui emportée par son élan glisse sur l'arrière-train pour mieux s'arrêter ou ne pas tomber, d'où cette idée de piège.

of the right hand gallery. The cave continues through a narrow passage where one has to crawl. This extremity is full of fine engravings linked anachronically and also drawn in a very particular manner (a horse's head, breathing felines, bovidae with huge horns).

Let's walk now into the axial gallery. In this part of the cave the equilibrium and the composition of the paintings are most remarkable and really contrast with a perfectly white background (calcite). The composition is as rich as in the Bulls Hall and it seems to be constructed around two main subjects : horses and bovidae. At the end of the gallery, on the right hand wall, one's attention is attracted by a geometrical grid which is probably a trap or a barrier. In front of this there is the « jumping cow », this bicoloured animal (black and red) expresses movement through the position of its forelegs which are outstretched and wide apart, while those in the background are detached. In the hind part, the left is painted within the body of the animal and surrounded by a white trace. This cow is trying to slow down and carried away by its own speed, is sliding on its hind quarters in order to stop or to avoid falling which is where the idea of a trap comes from.

After the beautiful paintings of horses, ibex and poneys, let's look up at the ceiling of this gallery where we can see the famous « Chinese horses », they remind us of those of the lacquered Chinese screens. For one of them the artists have taken great care not to paint the legs in the background and have separated the hind quarters. The volume of the body is suggested by the opposition of the painted parts and the naturally white belly. On the ceiling itself, we point out a large red cow with a black head superimposed over a horse and a large wounded

Hinterpfoten des linken Bisons, stößt die Farbe nicht ganz mit dem Rest des Tierkörpers zusammen. Der Magdalenische Künstler hat freiwillig eine leere Stelle gelassen, um den Eindruck der Tiefe des Raumes zu geben-also letztlich ein Relief.

Hier endet der bemalte Teil der rechten Galerie. Sicherlich geht die Grotte noch weiter, aber man muß eine schmale Passage durchqueren, durch welche man kriechen muß. Dieser entlegene Teil ist reich an feinen Gravierungen, die ohne Ordnung miteinander verbunden und auf einzigartige Art dort verwirklicht sind (Ein Pferd in der Vorderansichtfauchende Raubkatzen-Büffel mit riesigen Hörnern).

Gehen wir jetzt in das « Diverticule Axial ». Wir sind hier in dem Teil, wo die Ausgeglichenheit und die Zusammenstellung der Malereien am Bemerkenswertesten sind. Gleichzeitig heben sie sich stark von dem natürlichen außergewöhnlich weißen Hintergrund ab (Kalzit). Die Zusammenstellung ist genau so reich wie im Saal der Stiere und scheint auf zwei wesentlichen Themen zu basieren : die Pferde und die Büffel. Am Boden des « Diverticule » wird unser Auge von quadratischen Feldern angezogen, so daß wir denken, es wäre eine Falle oder ein Hindernis. Und vor diesen Feldern ist « die Kuh, die springt ». Dieses Zweifarbige (schwarz und rote) Tier drückt die Bewegung durch die Haltung seiner nach vorn gestreckten Vorderbeine aus, während die Pfoten im Hintergrund nicht mit dem Körper verbunden sind. Auf der Höhle des Hinterteils ist die linke Hinterpfote dank der offengelassenen Stelle in den Körper hineingemalt. Es ist eine Kuh, die versucht, langsamer zu laufen, zu bremsen und die, vorwärtsgetragen von ihrem Schwung, auf dem Gesäß gleitet, um besser anhalten zu können

forma muy particular de dibujar todas las patas en segundo plano. Al nivel del miembro posterior derecho, del bisonte de izquierda, la pintura no se incorpora completamente al animal. El artista magdaleniano ha dejado voluntariamente un espacio a fin de dar esta impresión de profundidad de campo, es decir de relieve. De la misma manera los dos bisontes están separados por un contorno blanco. Esta astucia es la que da esta vida extraordinaria a Lascaux. La encontramos igualmente en otra parte de la gruta, en el Divertículo Axil (D. A.).

Aquí se termina la parte adornada de la galería de derecha. La cueva se prolonga claro, pero hay que coger un estrecho pasaje donde circulamos arrastrándonos. Esta extremidad es rica en finos grabados reunidos de forma anacrónica y realizados también aquí, de forma singular (caballo visto de frente — felino que resopla — bóvidos con enormes cuernos).

Pasemos ahora al Divertículo Axil. Nos encontramos aquí en la parte donde el equilibrio y la disposición de pinturas son las más extraordinarias y contrastan vivamente con un fondo de decorado natural de un blanco inmaculado (calcita). La composición es tan rica como en la sala de los toros y todo parece ser construido al rededor de dos temas esenciales : los caballos y los bóvidos. Al fondo del divertículo y sobre la pared derecha nos llama la atención una cuadrícula geométrica que asimilamos a una trampa o una barrera. Por delante de esa forma hay la « vaca que salta ». Ese animal bicolor (negro y rojo) expresa el movimiento por el aspecto de sus miembros anteriores tendidos, separados, cuando los de segundo plan están despegados. Al nivel trasero el (miembro) posterior izquierdo está pintado « dentro » del cuerpo del animal gracias a la figuración de un contorno blanco. Es una vaca que intenta ir

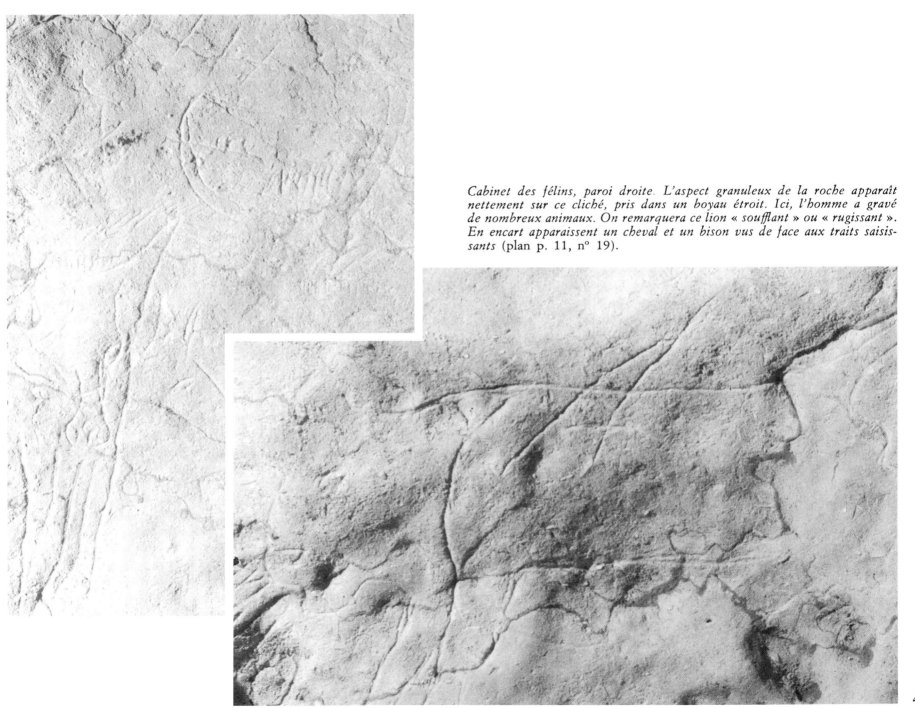

Cabinet des félins, paroi droite. L'aspect granuleux de la roche apparaît nettement sur ce cliché, pris dans un boyau étroit. Ici, l'homme a gravé de nombreux animaux. On remarquera ce lion « soufflant » ou « rugissant ». En encart apparaissent un cheval et un bison vus de face aux traits saisissants (plan p. 11, n° 19).

Après les très belles peintures de la frise des chevaux, des bouquetins et des poneys, tournons-nous vers le plafond de cette galerie et remarquons les célèbres « chevaux chinois ». Ils rappellent ceux des paravents laqués chinois. Pour l'un d'eux, les artistes ont pris soin de ne pas peindre les membres en second plan mais de les tracer seulement, et ont séparé le postérieur du reste du corps. Tout le volume du corps est donné par l'opposition des parties peintes et naturellement blanches du ventre. Au plafond proprement dit, nous signalons la présence d'une grande vache rouge à tête noire superposée à un cheval, à un grand cervidé blessé, à genoux, puis à une autre vache à tête noire.

En remontant le long d'une pente douce sur une vingtaine de mètres, nous voici revenus dans la salle des taureaux. Il faut nous arrêter longuement en face de la première peinture située le plus près de l'entrée. Il s'agit de la Licorne, représentation mythique qui n'est pas une bête de l'époque préhistorique (photo p. 47). L'arrière-train rappelle celui d'un animal ; le corps possède des tâches colorées circulaires. La tête est agrémentée de deux cornes rectilignes implantées sur le front. Cette tête comporte une calotte crânienne, un œil qui n'est pas celui d'un animal. Si l'on supprime l'extrémité du mufle, nous imaginons facilement le dessin d'une tête humaine vue de profil avec le crâne, le nez, le menton, la barbe et l'œil. Cet animal mythique pourrait alors cacher un personnage énigmatique, humain ; il pourrait s'agir d'un sorcier commandant et dirigeant toute cette cavalcade que nous venons de vous faire découvrir. Cela restera le secret et le mystère de cette grotte de Lascaux qui en contient d'autres encore.

kneeling deer also so another black headed cow.

After walking up a twenty metre long slope we come back to the bulls room. We must stop for a long time in front of the first painting situated nearest to the entrance. This represents the unicorn, a mythical and non prehistoric animal (photo p. 47). The hind quarters remind one of an animal ; the body is covered with circular coloured spots. The head is surmounted by two rectilinear horns on the forehead. This head is composed of a brain-pan, one eye which is not that of an animal. If we suppress the end of the muzzle, we can easily imagine the drawing of a man's head from the profile, complete with the skull, the nose, the beard, and the eye and limbs. This mythical animal may hide an enigmatic human character. It may represent a witch doctor commanding or organizing the whole cavalcade of animals that we have just shown you. This will remain the secret and the mystery of the Lascaux cave which still has many enigmas.

oder nicht hinzufallen. Daher kommt die Vorstellung von der Falle.

Nach den drei sehr schönen Friesmalereien der Pferde, der Bergziege und der Poneys, wenden wir uns der Decke dieser Galerie zu und entdecken die bekannten « Chinesischen Pferde ». Sie erinnern an lackierte chinesische Tuchwände. An der Decke erkennen wir das Vorhandensein einer großen roten Kuh mit schwarzem Kopf, welche über ein Pferd, ein großes verletztes Tier mit einem Geweih, welches niederkniet, und schliesslich eine weitere Kuh mit schwarzem Kopf, gemalt wurde.

In dem wir eine 20 m lange leichte Steigung hinter uns bringen, gelangen wir wieder in den « Saal der Stiere ». Wir verharren vor dem ersten Bild neben dem Eingang. Es handelt sich um die mysthische Darstellung eines « Einhorns », welches nicht zur prähistorischen Epoche gehört (Bild S. 47). Der Hintern ähnelt dem eines Tieres, der Körper besitzt runde Farbtupfer. Es sind zwei gerade Hörner auf dem Kopf, die auf der Stirn eingesetzt sind. Dieser Kopf hat einen Schädel und ein Auge, das nicht zu einem Tier gehört. Wenn wir nicht auf die Nasenspitze achten, können wir uns leicht die Züge eines menschlichen Kopfes vorstellen, von der Seite betrachtet, mit Schädel, Nase, Bart und Auge. Dieses mysthische Tier könnte also eine rätselhafte menschliche Person verstecken. Es könnte sich um einen Zauberer handeln, der den ganzen Ausritt der Tiere, die wir bald entdecken sollen, dirigiert und kommandiert. Das wird das Rätsel und das Geheimnis der Grotte von Lascaux bleiben, die noch viele andere für uns bereithält.

lentamente, frenar y que llevada por su impulso resbala sobre su trasero para pararse mejor o no caer, de ahí esa idea de trampa.

Después de las muy bellas pinturas de la frisa de caballos, de cabra montés y de poneys volvamos los ojos hacia el techo de esa galería y fijémonos en los célebres « caballos chinos ». Recuerdan los de biombos lacados chinos. Para uno de ellos los artistas han tenido cuidado de no pintar los miembros en segundo plan y han separado el posterior del resto del cuerpo. Todo el volumen del cuerpo está dado por la oposición de partes pintadas y naturalmente blancas del vientre. En la bóveda propiamente dicha señalemos la presencia de una gran vaca roja con la cabeza negra sobrepuesta a un caballo, a un gran cérvido herido, de rodillas, luego a otra vaca de cabeza negra.

Remontando a lo largo de una pendiente suave sobre unos veinte metros, llegamos de nuevo a la sala de los toros. Tenemos que pararnos mucho tiempo en frente de la primera pintura situada más cerca de la entrada. Se trata del Unicornio representación mítica que nos es una bestia de la época prehistórica (foto p. 47). La parte trasera recuerda la de un animal ; el cuerpo posee manchas de colores circulares. La cabeza está adornada de dos cuernos rectilineos implantados en la frente. Esta cabeza comporta una bóveda craneana, un ojo que no es el de un animal. Si suprimimos la extremidad del morro, imaginamos fácilmente el dibujo de una cabeza humana vista de perfil con el cráneo, la nariz, la barbilla y el ojo. Ese animal mítico podría entonces disimular un personaje enigmático, humano. Se podría tratar de un brujo que está mandando y dirigiendo toda esa cavalgata que acabamos de hacerles descubrir. Será el secreto y el misterio de esta cueva de Lascaux que contiene muchos más todavía.

S. T. (paroi gauche). Le support rocheux est fissuré et recouvert par de la calcite cristallisée en gros grains saillants. L'artiste s'est affranchi de cette surface hétérogène par application et soufflage d'un colorant pâteux et liquide. Il a peint cet être énigmatique : la Licorne (plan p. 11, n° 20).

Le mystère de Lascaux
Tête de la « Licorne » :
animal ou homme ?
(vision imaginative proposée)

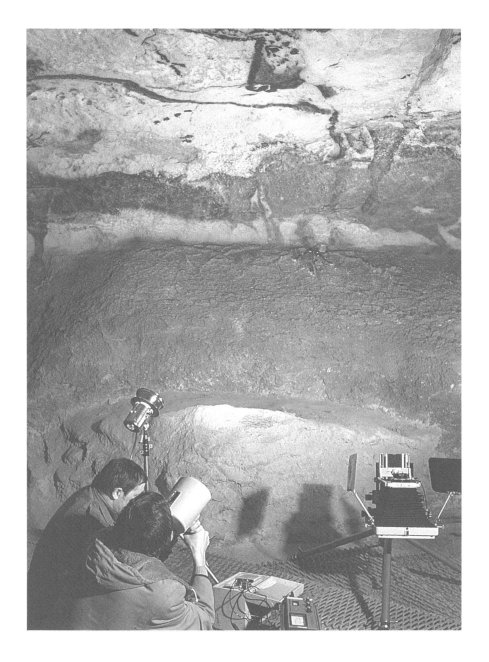

ICONOGRAPHIE

Chefs-d'œuvre de l'art pariétal

Surveillance de l'évolution thermique pariétale au cours de prises de vues photographiques et cinématographiques.
— Contrôle par capteur infrarouge. (Photo : LEMAITRE-CORRE, IGN)

I

Entrée du Diverticule Axial (paroi gauche). Vache à tête noire.

Salle de Taureaux (paroi gauche). Grand Taureau superposé à une vache rouge.

Diverticule Axial (paroi droite). « Cheval chinois ».

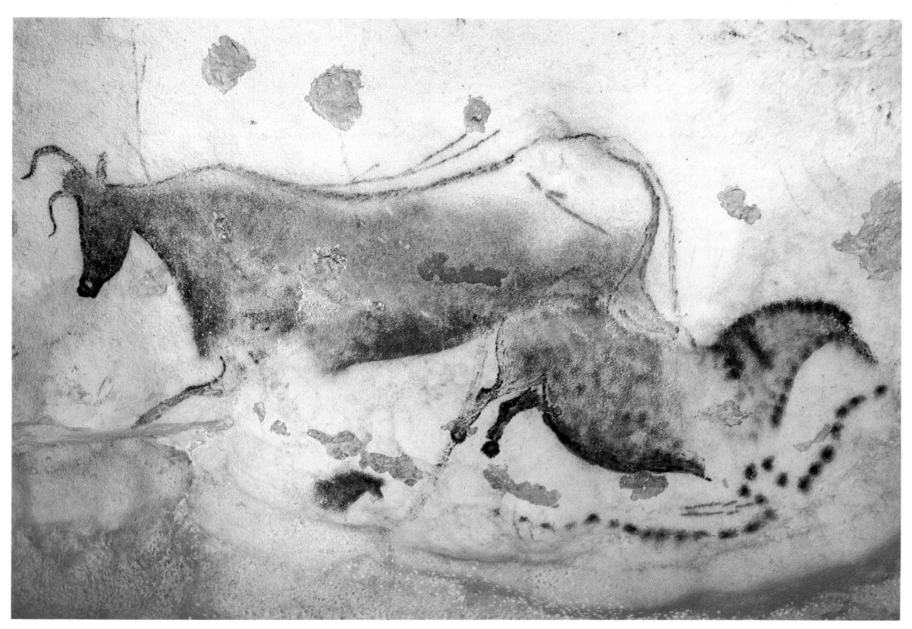

Diverticule Axial (paroi droite). Vache et poney.

V

Diverticule Axial (paroi droite). Bouquetins, « piège » ? et poneys.

Diverticule Axial (paroi gauche). Grand taureau noir superposé à d'autres bovinés.

*L'un des poneys du Diverticule Axial
(représentation animale préhistorique
d'une grande sincérité émouvante et naïve)*

DEUXIÈME PARTIE

Problèmes de conservation

L'entrée monumentale de la grotte a été conçue dans le style des frontispices de certains temples égyptiens. C'est derrière cette lourde porte de bronze que se développe le réseau souterrain orné.

CONNAISSANCE DU SITE : PAYSAGE ET ENVIRONNEMENT

Le pays de Montignac est très vallonné comme le montre la photo oblique ci-contre. Les collines arrondies se multiplient à l'infini et sont séparées par autant de petites vallées verdoyantes parcourues par de minces ruisseaux ou barrées par une retenue. Les buttes culminent entre les cotes + 200 à + 300 m au-dessus du niveau de la mer. La végétation qui les recouvre offre vu du ciel une belle mosaïque de couleurs.

A Lascaux, le couvert boisé domine largement et représente 90 % de la surface de la colline. Pour le reste, ce sont quelques parcelles isolées à vocation culturale familiale et de rares clairières herbeuses où il fait bon se reposer durant la saison estivale. Les bois de Lascaux forment de multiples îlots de même nature, développés à la suite ou mélangés. Sur toute la fraction basse de la colline le chêne vert domine et seule la présence de rares éboulis en placages isolés facilitent le développement de résineux. A la hauteur de la grotte, les essences se rassemblent en taches de petites dimensions. On rencontre le pin maritime de belle venue, le pin sylvestre plus étiolé et le châtaignier. Tous se développent sur un sol acide à dominance sableuse. La zone aménagée (maison du gardien, bâtiments techniques) et l'accès à la grotte constituent de petites taches claires au sein de la grande zone verte forestière.

Deux petites routes sinueuses, permettent l'accès à la grotte. Des sentiers pédestres tracés à l'origine par les chasseurs et les chercheurs de cèpes, ont été repris par les aménagements et permettent au public de s'intégrer dans cette nature et découvrir à la faveur d'une trouée, un beau panorama sur la large vallée de la Vézère et les collines qui la surplombent.

TRIPS TROUGH AND AROUND THE SITE OF LASCAUX

In the Montignac country side, one finds numerous valleys and hills (see slanting aerial photograph on the opposite). In this region, the hills are from 200 to 300 metres above sea level. In the valleys there are many brooks with small dams, and in every direction we see many green fields.

On Lascaux hill, the forest cover total about 90 % of the surface. We find mainly the following :

— pines and sylvestre pines growing on acid, sandy soil,

— green-oaks growing on basic soil overlaying the limestone and pebbles accumulate on the hillsides.

In the woods, visitors can find shady, grassy and freshy glades. At the summit of the hill there are some agricultural farms. The crops raised are the following : corn, rye, barley, potatoes and garden vegetables. We also find vineyard.

On Lascaux hill, two small and winding roads climb up to the prehistoric cave. Visitors on foot also take any number of paths. About midway up the hill, tourists can admire a picturesque landscape composed of the Vézère valley and small cliffs to the east and west. Near Lascaux park, they can find refreshment stands, picnic grounds and souvenir shops. About 400 metres to the east of Lascaux Park there are some narrow and deep caves dug into « Balutie » cliff limestone. One of these caves consists of a vertical 15 metres well and a room of average size.

When crossing Montignac, people drive along the La Chapelle-Aubareil road until they come to an intersection and a road sign pointing toward Lascaux cave.

ERKENNEN DER LAGE : LANDSCHAFT UND UMWELT

Die Landschaft von Montignac ist sehr hügelig, wie es die nebenstehende schräge Aufnahme zeigt. Die abgerundeten Hügel vervielfältigen sich bis ins Unendliche und sind durch ebenso viele, kleine, grüne Täler getrennt, welche von kleinen Bächen durchlaufen oder durch einen Stausee versperrt werden. Die Hügel erreichen eine Höhe von + 200 bis + 300 m über dem Meeresspiegel. Die Vegetation, die sie bedeckt, bietet vom Flugzeug aus gesehen ein schönes Farbenmosaik. Die kräftigen Färbungen verstärken sich im Herbst, je nach Art der Hölzer.

Bei Lascaux herrscht weitgehend das mit Bäumen bedeckte Gelände vor und stellt 90 % der Hügeloberfläche dar. Was den Rest betrifft, so sind es einige Parzellen, die für den landwirtschaftlichen Kleinbetrieb bestimmt sind und einige wenige Wiesenlichtungen, die während der Sommerzeit zum Ausruhen einladen. Die Wälder bilden bei Lascaux zahlreiche, gleichartige Inselchen. Auf dem unteren Abschnitt des Hügels herrscht die immergrüne Eiche vor und nur die Gegenwart einiger weniger Geröllablagerungen, welche die Abhänge bedecken, begünstigt das Wachstum von Nadelhölzern.

Auf gleicher Höhe mit der Höhle vereinigen sich die Bäume zu Flecken von geringem Ausmaß. Man findet gut wachsende Kiefern, Föhren, welche stärker verkümmert sind und Eßkastanienbäume vor. Alle wachsen auf saurem Boden, bei dem Sand vorherrscht. Die ausgebaute Zone (Haus des Wärters, technische Gebäude) und der Zugang zur Höhle bilden helle, kleine Flecken innerhalb der großen, grünen Waldfläche.

MIRADA EN Y ALREDEDOR DE LASCAUX

La región de Montignac es muy ondulada como lo muestra la foto oblicua contigua. Las colinas redondeadas se multiplican al infinito y están separadas por pequeños valles verdosos atravesados por pequeños arroyos o cerrados por una pequeña barrera. Las lomas culminan entre las cotas + 200 a + 300 por encima del nivel del mar. La vegetación que las cubre ofrece, visto del cielo, un bello mosáico de colores.

En Lascaux, el arbolado domina ampliamente y representa el 90 % de la superficie de la colina. El resto, son algunas parcelas aisladas dedicadas al cultivo familiar y algunos claros cubiertos de hierba que son buenos par el reposo durante la estación estival. Los bosques de Lascaux forman múltiples islotes de la misma naturaleza desarrollados uniformemente o por mezclas. Sobre toda la fracción baja de la colina, la encina verde domina y sólo la presencia de raros escombros en lugares aislados facilitan el desarrollo de los resinosos. A la altura de la gruta, las esencias se reunen en manchas de pequeñas dimensiones. Encontramos el pino marítimo (pino de buen aspecto), el pino silvestre más ajado y el castaño. Todos se desarrollan en un suelo ácido a dominancia arenosa.

Dos pequeñas rutas sinuosas permiten el acceso a la gruta. Los senderos trazados originalmente por los cazadores y los buscadores de setas, han sido recuperados y permiten al público integrarse dentro de esta naturaleza y descubrir por una brecha, un bello panorama sobre el ancho valle de la Vézère y las colinas que la dominan.

Vue oblique sur la colline de Lascaux (1982). La mosaïque forestière apparaît dans tous ses détails : pins sylvestres à droite (en bosquets), chênes au centre, châtaigniers à l'arrière-plan. L'accès à la grotte sous la flèche. Manoir de Lascaux qui a donné son nom à la colline.

AMENAGEMENT
DE LA GROTTE AU PUBLIC

(premiers travaux)

Le trou de la découverte apparaissait au milieu de buissons et se trouvait à une vingtaine de mètres du petit sentier transformé depuis en petite route goudronnée. Il a été agrandi quelques jours après la découverte et à la fin du mois de septembre 1940 il y avait une excavation de 2 à 3 m de profondeur et de 5 à 6 m de largeur. Au fond, deux trous avaient été creusés au ras de la voûte du porche. Les éboulis blancs avaient été également déblayés en partie.

Les visiteurs descendaient dans la grotte le long de deux échelles en rondins de bois ; un escalier rudimentaire avait été taillé à la base, dans le dépôt calcique. Les marches étaient glissantes et dangereuses. Sur le côté, une tranchée avait été aménagée pour collecter les eaux de ruissellement. Plus tard, une cabane en planches recouvrait le trou de l'entrée pour le protéger contre la pluie et les actes de vandalisme ; elle restera en place jusqu'en 1947.

A cette époque les responsables font aménager et élargir le sentier qui mène à la grotte par le Nord et une nouvelle route est créée au Sud.

En 1949, les travaux d'aménagements sont enfin entrepris : une longue fouille est ouverte dans les éboulis calcaires, un vaste escalier est construit dans la partie supérieure, un sas maçonné et voûté est édifié au pied de cet escalier.

On pénètre dans ce sas par une porte monumentale en bronze. Le « frontispice » est constitué de grosses pierres de taille. L'ensemble est édifié dans le style de l'entrée d'un tombeau de l'Antiquité.

ANCIENT SITE
DEVELOPMENT

(first works)

The « discovery hole » was situated in the middle of bushes. It was located about twenty metres from the small footpath which was later converted into a small tarred road. This orifice was enlarged several days after the discovery. At the end of September 1940, it formed and opening which was 2 or 3 metres deep and 5 or 6 metres wide. At the bottom, two holes were dug just under the ceiling of the porch. The white fallen rocks had also been partially cleared out.

Specialists, neighbours and tourists descended into the prehistorical cave by means of two coarse wooden ladders. In addition, provisional stairs were hewn at the bottom of the thick and white calcareous sinter (tufa, and tufa remains). The steps were slippery and dangerous. On one side, a trench had been dug to collect runoff. Later on, a wood hut was built. It covered the entrance hole and protected it against rain and vandalism. The hut remained there until 1947.

At the end of this period, the authorities had the footpath which leads to Lascaux cave arranged. It was widened. A new road was built on the southern side of the hill.

In 1949, development of the site was at last undertaken. A long opening was created in rubbish limestone formation. A spacious sloping staircase was built at the upper part. An entrance hall was built at the foot of this staircase with some of the rubble. One now enters the cave by taking this staircase and passing an enormous gunmetal door. The frontispiece is constructed of heavy building stones. The ensemble was built like an entrance to temple of the Ancient Antiquity.

EINRICHTUNG DER HÖHLE
FUR DAS PUBLIKUM

(Frühere Arbeiten)

Das am Anfang entdeckte Eingangsloch befand sich, von Büschen umgeben, ungefähr 20 Meter von einem kleinen Feldweg entfernt, welcher heute zu einer geteerten Straße geworden ist. Das Loch wurde einige Tage nach seiner Entdeckung vergrößert. Ende September 1940 war eine 2 bis 3 Meter tiefe Grube entstanden.

Um in die Höhle zu gelangen, stiegen die Besucher zwei Holzleitern hinab. Eine grob Treppe in die Kalkablagerungen führte weiter hinab. Die letzten Stufen waren glatt und gefährlich. An den Seiten hatte man Rinnen gegraben, welche das Regenwasser auffangen sollten. Später bedeckte man das Eingangsloch mit einer Hütte aus Holzlatten, um es vor Regen und mutwilliger Zerstörung zu schützen. Diese Hütte existierte bis 1947.

Zu dieser Zeit entschloß sich die verantwortliche Behörde endlich, den von Norden aus zur Höhle führenden Weg zu erweitern und befestigen zu lassen. Im Sûden wurde eine neue Straße geschaffen. 1949 unternahm man schließlich Befestigungsarbeiten : langwährende Ausgrabungen fanden in den Kalkhaltigen Geröllablagerungen statt in oberen Teil der Höhle wurde eine breite Treppe gebaut, e i n e gemauerte Schleusenkammer wurde am Fuße der Treppe errichtet. Diese Kammer hat eine gewölbte Decke. Man betritt sie durch eine monumentale Bronzetür. Die Giebelseite wurde aus großen Quadersteinen errichtet. Das Ganze erinnert im Stil an den Eingang einer Gruft der Antike.

ACONDICIONAMIENTO
DE LA CUEVA

(primeras obras)

El agujero del descubrimiento aparecía en medio de matorrales. Se encontraba a unos veinte metros del pequeño sendero transformado desde entonces en pequeña carretera alquitranada. Ese agujero ha sido ensanchado unos días después del descubrimiento. Al fin del mes de septiembre de 1940, había una excavación de 2 a 3 m de profundidad y de 5 a 6 m de ancho. Al fondo, dos agujeros habían sido cavados junto a la bóveda del pórtico.

Los visitantes bajaban a la gruta por dos escaleras de madera. Una escalera rudimentaria había sido tallada en el depósito cálcico. Los escalones resbalaban y eran peligrosos. Sobre el lado una zanja había sido preparada para recoger las aguas lluviales. Más tarde una cabaña de planchas recubrió el agujero de la entrada para protegerlo contra la lluvia y... el vandalismo ; permanecerá allí hasta el año 1947.

En dicha época las autoridades por fin hacen arreglar y ensanchar el sendero que conduce a la cueva por el norte. Una nueva carretera se crea al sur.

En 1949 los trabajos para arreglarlo empiezan por fin. Se hace una larga excavación en los escombros calcáreos. Una ancha escalera es construida en la parte superior. Un compartimiento es edificado al pie de la escalera, en forma de bóveda.

Se penetra en este pasaje por una puerta monumental de bronce. El « frontispicio » está constituido de grandes piedras sillares. El conjunto está edificado en el estilo de la entrada de un templo de la Alta Antigüedad.

Un jour de septembre 1940, les jeunes inventeurs, dont J. MARSAL, reçoivent les spécialistes de l'époque devant leur tente plantée à côté de l'entrée de la grotte. Sur la photo de gauche on remarquera en particulier M. LAVAL, instituteur, sur celle de droite, M. RAVIDAT et J. MARSAL.

LES ABORDS IMMEDIATS ET RAPPROCHES DE LA CAVITE

Aux alentours de la grotte de Lascaux, on trouve une clairière bordée par la petite route qui monte vers « Bellevue ». Cette clairière est entourée :

— au Nord, par de jeunes pins,

— au Nord-Est et à l'Est, par des chênes,

— au Sud, par des sapins,

— à l'Ouest, par une clôture grillagée.

A l'intérieur de l'enceinte de protection, on peut apercevoir le début du grand escalier qui descend vers la porte de bronze. C'est derrière cette porte que se trouvent les formidables peintures. Au-delà de l'escalier, le public notera la présence de deux petites constructions en bois peintes en blanc. A l'intérieur de la première, il y a des enregistreurs de la pression, de la température et de l'hygrométrie de l'air ; dans la seconde, il y a un pluviographe enregistreur.

Depuis une vingtaine d'années, les chercheurs font des mesures qui nous ont permis de bien connaître la climatologie de la colline. Elles sont comparées à celles enregistrées à Montignac et dans les environs. Ces informations sont très importantes, elles nous permettent de prévoir ce qui va se passer dans la grotte dans les 3 ou 6 mois à venir. Ainsi, une pluviométrie exceptionnellement forte, provoquera 6 mois plus tard dans la « Salle des Taureaux » une arrivée d'eau qui recouvrira la majorité des peintures. Au mois de mai 1981, il est tombé 186 mm de pluie (la moyenne mensuelle calculée sur 20 ans est de 67 mm). En novembre 1981, toute la paroi gauche de la « Salle des Taureaux » était recouverte par un film d'eau. Les peintures avaient une couleur vive.

Inversement, la sécheresse de l'année 1976 a provoqué la dessiccation des parois de la grotte en 1977. Les peintures étaient ternes.

THE NATURAL FRAME NEAR THE CAVE

When the tourist walks in the forest, near the cave of Lascaux, he will find a glade which is skirted with the small tarred road which winds along the hill and climbs near « Bellevue » (see map p. 57). This glade is surrounded as following :

— to the north, with young pinewood,

— to the north-east and east, with oaks,

— to the south, with firs,

— to the west, with a netting enclosure.

Within this enclosure, you see the top of the large staircase which climb top of the large staircase which climbs down towards the gun-metal door. Beyond the staircase, you will observe two small wooden constructions painted in white. Inside the first, there are pressure and temperature and hygrometric recorders of the atmosphere. Inside the second, there are a pluviograph and thermometres. These data are very important, because they allow us to anticipate the action of ground water which ooze on the walls of the cave in the after 3 or 6 months. Thus a very strong and exceptional rain will provoke, 6 months later, in the « Bulls Hall », a water oozing which will cover the majority of the paintings. For instance, during May 1981, it rained 186 mm (the average, calculated over 20 years is 67 mm). In November 1981, all the left wall of the room was covered with a continuous water film. Consequently, the colours of the paintings were very luminous.

On the contrary, the drought all along the 1976 year, provoked the drying up of the walls of the cave one year later (1977). Consequently, the colours of the paintings were dim.

DIE UNMITTELBARE UMGEBUNG DER HÖHLE

Wenn der Tourist im Wald in der Umgebung der Lascaux Höhle spazierengeht, wird er in der Nähe der kleinen geteerten Straße eine gesäumte Waldlichtung finden, die nach « Bellevue » (Karte) hin ansteigt. Diese Waldlichtung ist umgeben :

— von jungen Föhren nördlich,

— von Eichen nörd-östlich und östlich,

— von Tannen südlich,

— von einer vergitterten Einfriedung westlich.

Im Innern des Schutzgitters kann man den Anfang der großen Treppe erblicken die nach der Bronzetür niederführt. Hinter dieser Tür befinden sich die einzigartigen Malereien. Jenseits der Treppe wird das Publikum die Gegenwart zwei kleiner weiß gemalter Holzkonstruktionen bemerken. Im Innern der Erstengibt es Meßgeräte für den Druck, die Temperatur und die Feuchtigkeit der Luft. In der zweiten gibt es ein Regenaufnahmegerät. Diese Auskünfte sind sehr wichtig, weil sie uns erlauben, vorauszusehen, was in der Höhle in den 3 oder 6 weiteren Monaten passieren wird.

Im Falle eines außergewöhnlich starken Regens, werden 6 Monrate später fast alle Malereien von Wasser bedeckt sein. In Mai 1981 sind 180 Millimeter Regen gefallen, und in November 1981 war die ganze linke Felsenwand des « Salle des Taureaux » mit einem Wasserfilm bedeckt. Die Malereien hatten eine frische Farbe. Umgekehrt hat die Trockenheit des Jahres 1976, in 1977 das Austrocknen der Felsenwände verursacht. Die Malereien waren matt.

LAS INMEDIACIONES DE LASCAUX

Cuando el turista se paseará por el bosque en los alrededores de la cueva de Lascaux, encontrará un claro bordeado por una pequeña carretera alquitranada que sube hacia « Bellavista ». Este claro está rodeado :

— al norte, por jóvenes pinos,

— al nordeste y al este de robles,

— al sur, de abetos,

— al oeste cloturado por una reja.

En el interior del recinto de protección, se puede divisar el principio de una gran escalera que baja hacia la puerta de bronce. Mas allá de la escalera, el público notará la presencia de dos pequeñas construcciones de madera pintadas de blanco. Al interior de la primera hay aparatos que registran la presión, la temperatura y la higrometría del aire ; en la segunda, hay un pluviógrafo registrador.

Desde hace unos veinte años, los investigadores hacen medidas. Que nos han permitido conocer bien la climatología de la colina. Las medidas son comparadas con las registradas en Montignac y en los alrededores. Esas informaciones son muy importantes, ya que nos permiten prever lo que va a pasar en la cueva dentro de los 3 o 6 meses venideros. Así una pluviometría excepcionalmente fuerte provocará 6 meses más tarde en la « Sala de los Toros » una llegada de agua que cubrirá la mayor parte de las pinturas. En el mes de mayo de 1981, cayó 186 mm de lluvia (la media mensual calculada sobre 20 años es de 67 mm). En noviembre de 1981, toda la pared izquierda de la « Sala de los Toros » estaba cubierta por una película de agua. Las pinturas tenían un color vivo.

En cambio, la sequía del año 1976 ha provocado la desecación de las paredes de la cueva en 1977. Las pinturas estaban pálidas.

Vue d'ensemble sur les abords extérieurs de la grotte. On remarque la végétation dense de pins et de chênes et au centre du cliché, la station climato-logique où sont enregistrées les données de température, pression et pluviométrie.

GEOLOGIE DE LA COLLINE

La colline de Lascaux est à 1 km au Sud-Est de la ville de Montignac et sur la rive gauche de la rivière la Vézère. Elle enferme dans sa partie haute cette extraordinaire grotte à peintures connue dans le monde entier.

La colline est constituée à la base de marnes coniaciennes gris-bleu qui reposent sur une assise gréso-calcaire du Turonien recouverte par les alluvions récentes déposées par la rivière. Son ossature est formée par une série puissante (80 m) de calcaires détritiques et zoogènes de couleur beige sur laquelle se trouve un niveau calcaréo-gréseux jaune attribué au Santonien. Quelques placages sablo-argileux du Sidérolithique, dont la présence est soulignée par une végétation de pins et de châtaigniers, recouvrent le sommet de la colline qui domine la vallée de la Vézère d'une centaine de mètres.

La grotte fait partie du réseau supérieur fossile d'un karst en grande partie comblé par un remplissage sablo-argileux ; elle est constituée par une suite de galeries qui convergent vers une galerie principale (cf. fig.) ; ses dimensions sont modestes, longueur maximum d'une branche : 85 m ; longueur totale développée : 250 m ; hauteur maximale : 12 m ; hauteur moyenne : 4 m. On constate que ce réseau fossile est inclus dans un promontoire calcaire séparé du reste de la colline par deux dépressions majeures A 1 et A 2 comblées de sables et d'argile ayant respectivement 35 et 20 m de largeur en moyenne, 12 m et 10 m de profondeur au maximum.

GEOLOGY OF THE HILL

The Paleolithic painted cave of the hill of Lascaux in France is considered as one of the most famous historical caves in the world.

The hill is situated about 1 kilometre south-east of the town of Montignac, on the left bank of the Vézère river.

Geologically, this Lascaux hill is formed of detrital limestone 80 metres in thickness, which is overlaid with beige and sandy Santonian limestone. The top is covered with orange-coloured and red argillaceous sand in the Siderolithic facies (Cenozoic Era). The Cretaceous Period (Santonian) is about 150 million years old, and the beginning of the Tertiary or Cenozoic Era is approximately 65 million years ago. The presence of these detrical deposits is shown by pines and chestnut-trees. Seen from the air, they compose a very intricate mosaic pattern of trees.

The prehistoric cave is a part of a large underground fossilised and filled karstic network of argillaceous and quartzic sand. It is composed of a serie of galleries which converge towards a principal one (see figure). The main dimensions of these are as follows :

— total length = 250 metres,
— length of an individual branch = 85 m,
— height varies between 4 to 12 m.

This fossilised karstic network is encased in a limestone headland and isolated from the hill by two important depressions A₁ and A₂. These are filled with sand and clay. They are 25 and 12 metres deep respectively. The two shelving canyons were excavated by a former Tertiary river.

GEOLOGIE DES HÜGELS

Der Hügel von Lascaux liegt 1 km südöstlich der Stadt Montignac und befindet sich auf dem linken Ufer des Vézère Flusses. Er enthält in seinem oberen Abschnitt diese außergewöhnliche Höhle mit Felsmalereien, welche in der ganzen Welt bekannt sind. Der Hügel besteht am Fuße aus graublauen Marnen, die auf einer Kalksandsteinschicht des Turons liegen, welche durch jüngere Ablagerungen des Flusses bedeckt ist.

Das Gerüst des Hügels besteht aus einer starken Serie (80 m) von beigen, zoogenen Trümmerkalken, auf der sich eine Schicht gelben Sandsteinkalks befindet, welcher dem Santon zugesprochen wird. Hinzu kommen einige Lehmsandbeläge des « Sidérolithisch », dessen Gegenwart durch die Vegetation (Kiefern und Eßkastanien) unterstrichen wird, die die Kuppe des Hügels bedeckt, der das Tal des Vézère Flusses um etwa 100 m überragt.

Die Höhle gehört zum oberen Fossilnetzes eines Karstes, der zum größten Teil mit Lehm-Sand aufgefüllt ist ; sie besteht aus einer Reihe von Gängen, welche zu einem Hauptgang konvergieren (siehe Fig.). Ihre Ausmaße sind bescheiden, maximale Länge eines Zweiges : 85 m, Gesamtlänge : 250 m, maximale Höhe 12 m, Durchschnittshöhe : 4 m.

Man stellt fest, daß dieses Fossilnetz in ein Kalkvorgebirge eingeschlossen ist, welches vom anderen Teil des Hügels durch zwei mit Sand und Lehm angefüllten Senkungen A 1 und A 2 getrennt ist, welche jeweils eine Durchschnittsbreite von 35 und 20 m und eine maximale Tiefe von 12 und 10 m erreichen.

GEOLOGIA DE LA COLINA

La colina de Lascaux está situada a un kilómetro al sur este de la ciudad de Montignac, sobre la orilla izquierda del río la Vézère. Encierra en su parte superior esta extraordinaria gruta con pinturas.

La colina está constituida en su base por marnes coriaceas (rocas calcáreas muy blancas) gris azulosas, que reposan sobre una base greso-calcarea del Turonien, recubierta por los aluviones recientemente depositados por el rio. Su estructura está formada por una serie muy marcada de calcareos detríticos (80 metros) y zoógenos de color beige, sobre la cual se encuentra un nivel calcareo-gresoso amarillo atribuido al Santoniano. Algunos depósitos areno-arcillosos del Siderolítico, cuya presencia es acentuada por una vegetación de pinos y castaños, recubren la parte superior de la colina que domina el valle de la Vézère en una centena de metros.

La gruta forma parte de una red fósil superior de un cárstico, colmado en gran parte por un relleno areno-arcilloso ; ella está constituida por una serie de galerías que convergen hacia una galería principal (cf. fig.) ; sus dimensiones son modestas ; largo máximo de una galería 85 metros ; largo total desarrollado 250 metros ; altura maxima 12 metros ; altura media 4 metros. Constatamos que la red fósil está incluida dentro de un promontorio calcáreo separado del resto de la colina por dos depresiones mayores A 1 y A 2, colmadas de arena y de arcilla, de 35 y 20 metros de ancho en promedio respectivamente y de 12 y 10 metros de profundidad máxima.

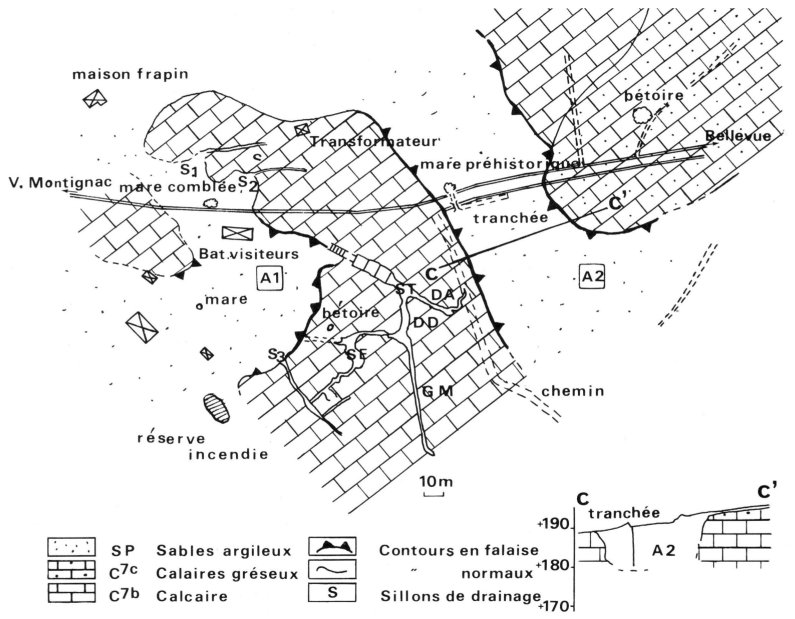

maison frapin

Transformateur

mare préhistorique

bétoire

Bellevue

V. Montignac mare comblée S2

S1

S2

C'

tranchée

Bat.visiteurs

A1

C

A2

ST DA

mare

bétoire

DD

S3

SE

GM

chemin

réserve
incendie

10m

	SP	Sables argileux		Contours en falaise
	C⁷ᶜ	Calaires gréseux		normaux
	C⁷ᵇ	Calcaire	S	Sillons de drainage

C tranchée C'

+190

A2

+180

+170

La présente carte révèle la position de la cavité ornée. Celle-ci se développe au sein d'un promontoire calcaire séparé des autres par deux sillons creusés autrefois par les eaux et actuellement comblés de sable et d'argile.

GEOLOGIE DE LA GROTTE

La prospection directe par carottage à l'air (méthode qui s'imposait dans ce contexte particulier) a permis de résoudre plusieurs problèmes soulevés une vingtaine d'années auparavant. Ainsi, nous avons constaté que le réseau supérieur ne se poursuit au-delà de l'entrée actuelle que sur une dizaine de mètres. Cette portion est entièrement comblée. La question qui était de savoir si la grotte préhistorique se développait à l'aval de l'éboulis calcaire obstruant l'entrée utilisée par les découvreurs en 1940 est donc résolue ; de ce côté il ne peut y avoir de prolongement donc de salles à peintures.

Les hommes du Paléolithique sont entrés dans la cavité en descendant sur un éboulis de blocs calcaires grossiers résultant de l'effondrement de la voûte de la galerie principale. Celle-ci a reculé de 30 m au total. Les 15 derniers mètres se sont effondrés en plusieurs fois au cours des 10 000 années passées. Les vestiges trouvés à différents niveaux sur ce passage sont des charbons de bois, de rares débris d'os et des ocres rouges. Les derniers blocs calcaires scellés dans la calcite blanche ont colmaté peu à peu ou brutalement (il est difficile de le savoir), l'orifice d'accès. Par la suite, la grotte n'a jamais eu de visites humaines et animales. C'est par le trou de la découverte (T. D.) que les jeunes inventeurs sont entrés dans le sanctuaire.

GEOLOGY OF THE CAVITY

The compressed air drilling method employed, disclosed that the upper drainage system continues only for a distance of 10 metres from the opening opening cave is 185 metres above sea level, while the Vézère river is 80 metres above sea level). The rest of the porch has completely collapsed and there is no continuity of the cave to the northwest of the hall of prehistoric painted pictures.

Paleotithic man probably entered the cave from a sloping hole which had resulted from the collapse of about 30 metres of the main gallery (15 metres, represent the collapse occuring during the past 10.000 years). The principal orifice of the cavity was eventually blocked by many debris from the collapse and the cave was never visited either by men or by animals. We had to wait until 1940, to learn that four young boys had entered it. That year was the « Year of Discovery » for this marvellous treasure.

In the Magdalenian age, the Paleolitic man climbed down the surface of these collapsed blocks. These blocks originate from the ceiling of the galery which collapsed bit by bit, season after season. On the surface of these collapsed blocks, at different levels prehistorians have discovered charcoals, some bone remains of died animals, stone implements and reddish ochres. In addition precise analyses led to the discovery of pollens. The most recent of the fallen blocks were « cimented » with white calcite, small pebbles and organic remains. They refilled the porch, whether quickly or little by little is anybody's guess. Storms opened a hole about forty of fifty years ago. The young discoverers entered by this hole and penetrated into the sanctuary.

GEOLOGIE DER HÖHLE

Die direkte Prospektion mit Hilfe der Bohrkerngewinnung, bei der Preßluft benötigt wird, (eine Methode, die in diesem speziellen Kontext notwendig war) erlaubte einige Fragen zu beantworten, welche vor etwa 20 Jahren aufgeworfen worden waren. So haben wir feststellen können, daß das obere Netz über dem gegenwärtigen Eingang nur etwa 10 m darüber hinaus verläuft. Dieser Teil ist völlig zugeschüttet. Die Frage, ob die prähistorische Höhle unterhalb der Kalkgeröllablagerung weiter verlaufen würde, welche den Eingang versperrt, den die Entdecker 1940 benutzten, ist nunmit gelöst : auf dieser Seite kann es keine Ausdehnung geben, also auch keine Gemäldehöhlen.

Die Menschen des Paläolithikums konnten in die Höhle eindringen, indem sie sich auf eine aus größeren Kalkblöcken bestehenden Geröllablagerung hinabließen, welche aus einem Einsturz des Gewölbes des Hauptganges entstanden war. Dieser Hauptgang hat sich um insgesamt 30 m verschoben. Die letzten 15 m sind während der vergangenen 10.000 Jahre wiederholt eingestürzt.

Die Überreste, welche auf den verschiedenen Schichten in diesem Durchgang gefunden wurden, sind Holzkohle, seltene Knochensplitter und roter Ocker. Die letzten Kalkblöcke, die im weißen Kalkspat eingeschlossen sind, haben entweder nach und nach oder aber auf einmal (es ist schwer zu sagen) die Zugangsöffnung verstopft. Anschließend ist die Höhle weder von Mensch noch von Tier aufgesucht worden. Erst durch das entdeckte Loch (T. D.) haben die jungen Entdecker das Heiligtum betreten können.

GEOLOGIA DE LA CUEVA

El examen directo del terreno, utilisando el metodo de « carrotage » o perforación por aire (método que se impone dentro de este contexto particular), ha permitido resolver varios de los problemas que se habían presentado desde hace 20 años. De esta forma, nosotros hemos constatado que la red superior no va más allá de 10 metros de la entrada actual. Esta porción está enteramente colmada. El interrogante que se había suscitado sobre el que la gruta prehistórica se desarrollaba más allá de los escombros calcáreos que obstruyen la entrada utilizada por los descubridores en 1940 está entonces resuelto : de este lado no puede haber prolongamiento de las salas de pinturas.

Los hombres del paleolítico entraron dentro de la cavidad, descendiendo sobre los escombros de bloques calcareos gruesos, escombros que son el resultado del derrumbamiento de la bóveda de la galería principal. Esta ha retrocedido de 30 metros en total. Los últimos 15 metros se derrumbaron progresivamente durante los últimos 10 000 años. Los vestigios encontrados en los diferentes niveles sobre este pasaje están conformados por carbones de leña, algunos restos de huesos y ocres rojos. Los últimos bloques calcáreos empotrados dentro de la calcita blanca han colmado poco a poco o brutalmente (es difícil saberlo), el orificio de acceso. A causa de esto, la gruta no ha tenido jamás visitas humanas o animales. Ha sido por el hueco del descubrimiento (T. D.) que los jóvenes descubridores entraron al santuario.

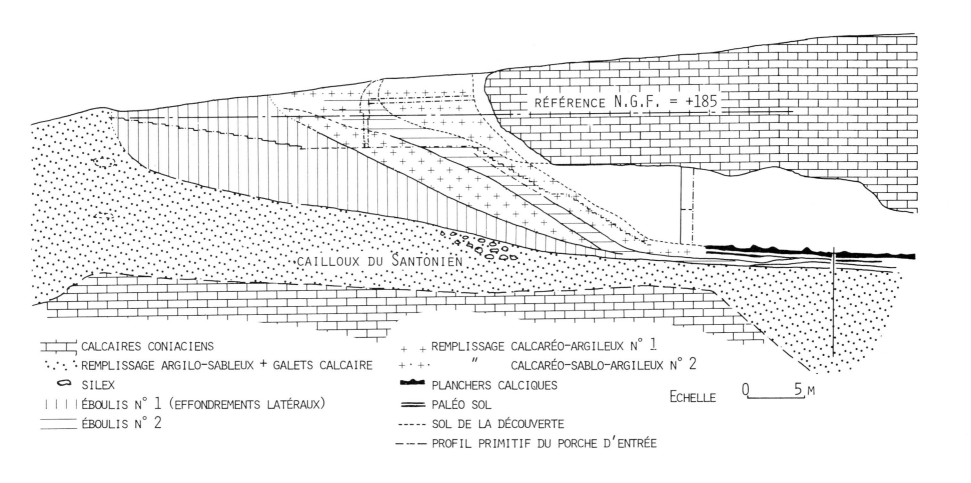

RÉFÉRENCE N.G.F. = +185

CAILLOUX DU SANTONIEN

⊞⊟ CALCAIRES CONIACIENS

`.:.:` REMPLISSAGE ARGILO-SABLEUX + GALETS CALCAIRE

⬭ SILEX

||||ÉBOULIS N° 1 (EFFONDREMENTS LATÉRAUX)

═══ ÉBOULIS N° 2

+ + REMPLISSAGE CALCARÉO-ARGILEUX N° 1

+ + + · " CALCARÉO-SABLO-ARGILEUX N° 2

▬▬ PLANCHERS CALCIQUES

═══ PALÉO SOL

----- SOL DE LA DÉCOUVERTE

-·-·- PROFIL PRIMITIF DU PORCHE D'ENTRÉE

ECHELLE   0 ⊢——⊣ 5 M

La multiplication de sondages aux alentours du porche d'accès à la grotte a permis la réalisation de cette coupe stratigraphique verticale. A l'origine la grotte se prolongeait d'une trentaine de mètres vers le N.-O.

RECHERCHE DES PROLONGEMENTS DE LA GROTTE

Le réseau pénétrable n'intéresse en plan qu'une très faible partie du sommet de la colline et les extrémités actuelles de la grotte sont obturées par des bouchons argilo-sableux ou des éboulis calcaréo-sableux. Ces deux observations nous ont amené à envisager l'hypothèse d'une extension des salles et galeries selon plusieurs directions. La recherche des prolongements a été entreprise par géophysique (microgravimétrie) et l'étude des cartes des anomalies met en évidence des prolongations probables en direction du Sud, au-delà du système Galerie Mondmilch-Cabinet des Félins (réseau en galeries B-C sur la carte). Des perspectives de développement apparaissent également au-delà de la Salle Ensablée sous la forme de grandes salles coalescentes (A sur la carte). La prospection est difficile car la dalle de la voûte est effondrée sur plusieurs dizaines de m². D'autre part, elle est comblée au 9/10ᵉ par des sables argileux.

La photo prise au cours d'une phase de travail de l'équipe des prospecteurs (avec le Spéléo-Club de Périgueux) permet de voir le creusement tardif du boyau sous la forme d'un sillon renversé étroit et sinueux taillé à la voûte. Ces parties ne recèlent aucune représentation, ni gravure, ni objet, ni peinture, témoins préhistoriques.

RESEARCHES ABOUT THE CAVE EXTENSIONS

In Lascaux cave, the drainage system which a man can enter is found only in a small part of the hill at the summit. The largest part of this drainage system was blocked and filled either by debris of sandy limestone or by sediments of sandy clays.

The result of the geophysical invsestigation using the microgravimetry method showed the existence of an early drainage system (with various directions) which are now buried in sediments. With anomalies maps, we indicate some probable extensions to the south. They are located beyond the « Galerie à Mondmilch » and « Cabinet des félins » system (see gallery B and C on the small map). In the same manner, some extensions appear beyond the « Salles Ensablées ». They are some large adjacent rooms (see A on the map). Here the prospection is difficult because the arch flagstone has collapsed on the argilous sand floor.

We draw attention at this point to the « Galerie à Mondmilch » (mondmilch or moonmilk).

Ninety percent of the dry substances consist of calcite — frequently as lamellar — rhombohedric crystals. In addition, there are impurities, in particular, clay, which lie on the crystal lamellae in colloid particles. Moonmilk comes on the one hand from deposits, and on the other hand by the weathering of sinter. Its creation results from a biological process.

On the right, the photograph shows working prospectors. It shows morphologic anomaly on the ceiling. These networks are not engraved nor painted.

UNTERSUCHUNG DER HÖHLEVERLANGERUNGEN

Das zugängliche Netz betrifft im Grundriß nur einen kleinen Teil des Gipfels und die jetzigen Endpunkte der Höhle sind durch Lehm-Sand-Pfropfen oder Kalksand-Gerölle verschlossen. Diese beiden Beobachtungen haben uns dazu gebracht die Möglichkeit einer Ausbreitung der Säle und Gänge in verschiedene Richtungen in Betracht zu ziehen.

Die Nachforschung nach Verlängerungsstücken ist durch Geophysik (Mikrogravimetrik) unternommen worden. Die Kartenuntersuchung der Unregelmäßigkeiten hebt wahrscheinliche Verlängerungen nach Süden hin hervor, und zwar oberhalb des Systems Galerie Mondmilch-Cabinet des Félins (Netz der Gänge B-C auf der Karte).

Die Möglichkeiten einer Verlängerung scheinen ebenfalls oberhalb von « la Salle Ensablée » in Form von großen, verwachsenen Sälen gegeben zu sein (A auf der Karte). Die Nachforschung ist schwierig, denn die Steinplatte der Wölbung ist über weit mehr als 10 m² hin zusammengestürzt. Außerdem ist sie zu 9/10 mit tonigem Sand angefüllt.

Das Photo, das während einer Pause der Arbeitsgruppe aufgenommen wurde, zeigt die späte Aushöhlung des Schlauches in der Form einer engen, gewundenen und umgekehrten Furche, welche in die Wölbung gemeißelt ist.

PROLONGAMIENTOS DE LA GRUTA

La red penetrable sólo toca una pequeña parte de la cima de la colina y las extremidades actuales de la gruta están obturadas por tapones arcillosos-arenosos o por escombros calcáreo-arenosos. Estas dos observaciones nos han conducido a pensar en la hipótesis de una extensión de las salas y galerías en varias direcciones. La búsqueda de las prolongaciones ha sido emprendida utilizando la geofísica (microgravimetría). El estudio de las cartas de las anomalias pone en evidencia unas prolongaciones probables en dirección sur, más allá del sistema Galeria Mondmilch-Cabinet des Félins (red de galerias B-C sobre la carta). Perspectivas de desarrollo aparecen igualmente más allá de la « Sala arenosa » (Salle ensablée) bajo la forma de grandes salas contiguas (a sobre la carta). La exploración es difícil pues la losa de la bóveda se ha derrumbado sobre varias decenas de metros cuadrados. De otra parte, ella está colmada en un 90 % por arenas arcillosas.

La foto sacada durante los trabajos del equipo de exploradores (con el Spéléo-Club de Périgueux) permite ver la erosión tardía de la pequeña galería redonda en forma de un surco invertido, estrecho y sinuoso, tallado en la bóveda. Estas partes no muestran ninguna representación ni grabados ni objetos ni pinturas, testimonios prehistóricos.

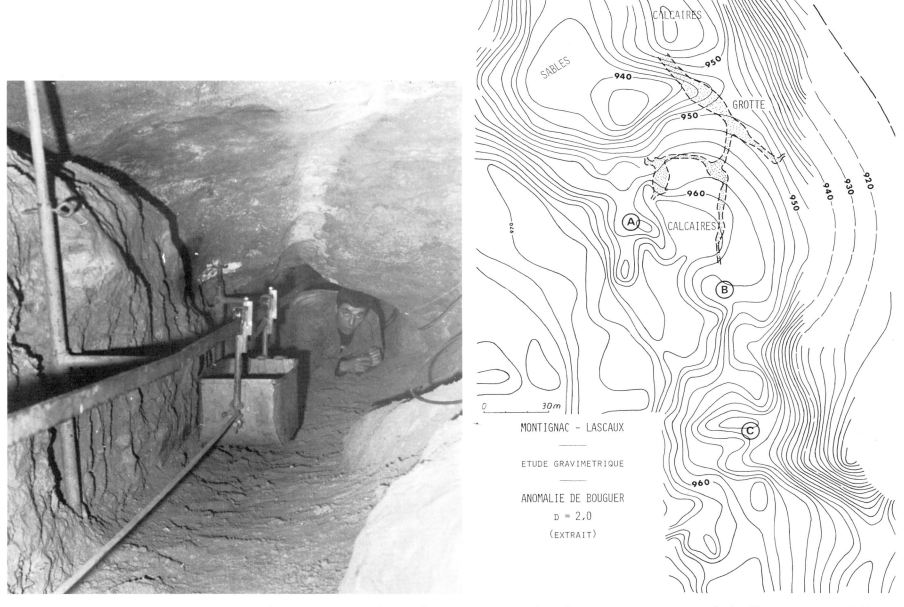

Une prospection géophysique a permis d'établir une carte révélatrice des extensions possibles de la grotte. Les travaux de fouille entrepris en 1966 ont permis de découvrir un long boyau (photo) et une grande salle dans le prolongement des Salles Ensablées (S.-E.).

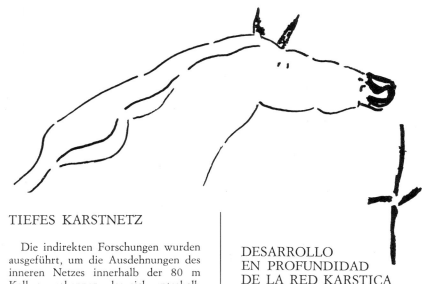

DEVELOPMENT
OF THE VERTICAL DEPTH
OF THE CAVE

Results of indirect research methods were also used to detect the possible extension of the lower part of the paleo-drainage system or karstic network.

For example, physicists proved experimentally that the gassed and hydric exchanges above and under the « Witch Doctor Well », manifest on area of interconnection between the upper and lower part of the underground drainage system. Thus, the volume of the upper system is 3000 m³. The volume of the lower is 30 000 m³. The latter is developed in thick (80 m), chalky, sandy, and detritic limestone containing numerous marine fossils.

The gas which moves between lower and upper system is CO_2 (carbonic dioxyde). What is the origin of it ? We know that CO_2 concentration of the air is different between sylvan karst (forest karst) and in areas with unbroken soil covering bare karst. Indeed, the water seeping through the soils is rich in biogenic CO_2. The CO_2 content of the air in the enclosed karstic space therefore rises. Thus, during a phase of air stagnation the CO_2 rises and accumulates.

In Lascaux, air in the soil is the principal source of CO_2. It accumulates in sandy depressions (see A_1 et A_2) and beneath them. In the « Witch Doctor Well » the natural well, shut by a small door, is without any air circulation.

At present, CO_2 gas is pumped out of the well and out of the different rooms, then collected into plastic pipes and finally ejected outside.

DEVELOPPEMENT
EN PROFONDEUR
DU RESEAU KARSTIQUE

Des recherches indirectes ont été effectuées pour connaître les extensions du réseau inférieur au sein des 80 m de calcaire développés en-dessous de la partie connue ornée. Deux méthodes d'approche différentes ont été employées ; elles donnent des informations du même ordre de grandeur.

Ainsi nous avons découvert que le fond du Puits du Sorcier sert de point de liaison entre les deux systèmes superposés. Seuls les échanges gazeux et hydriques matérialisent l'existence de ces deux réseaux superposés. Les peintres sortaient du puits lorsque le gaz carbonique l'envahissait ou bien il leur était possible de rester sur place si le haut du puits était ouvert sur l'extérieur. Ce gaz carbonique qui a aidé à la conservation des peintures monochromes de la scène du puits (cf. fig.) est d'origine biologique. Il est produit par les micro-organismes qui abondent dans le sol superficiel, sous la forêt.

TIEFES KARSTNETZ

Die indirekten Forschungen wurden ausgeführt, um die Ausdehnungen des inneren Netzes innerhalb der 80 m Kalk zu erkennen, das sich unterhalb des bekannten ausgeschmückten Teils der Höhle entwickelt hat. Zwei verschiedene Näherungsmethoden wurden angewandt, sie liefern Informationen gleicher Größenordnung.

So haben wir entdeckt, daß der Boden des « Puits du Sorcier » als Verbindungspunkt zwischen den beiden übereinanderliegenden Systemen dient. Nur der Gas-und Wasseraustausch macht die Existenz dieser beiden übereinanderliegenden Netze deutlich.

Die Maler verließen den Schacht wenn die Kohlendioxide den Schacht erfüllten oder aber es bestand für sie die Möglichkeit an Ort und Stelle zu bleiben, wenn der obere Teil nach außen hin geöffnet war. Dieses Kohlendioxid, welches zur Konservierung der einfarbigen Felsenbilder des Schachtes beigetragen hat, (siehe p. 37, 39) ist biologischen Ursprungs. Es wird durch Mikroorganismen hergestellt, welche an der Oberfläche des Waldbodens wuchern.

DESARROLLO
EN PROFUNDIDAD
DE LA RED KARSTICA

Investigaciones indirectas han sido efectuadas para conocer las extensiones de la red inferior, en el seno de los 80 metros de calcareos desarrollados por debajo de la parte conocida. Dos métodos de aproximación diferentes han sido empleados ; dan informaciones del mismo orden en cuanto al tamaño.

Así, nosotros hemos descubierto que el fondo del Pozo del Hechicero (Puits du sorcier) sirve de punto de unión entre los sistemas propuestos. Sólo los intercambios gaseosos e hídricos materializan la existencia de estas dos redes superpuestas. Los pintores salían del pozo cuando el gas carbónico lo invadía o bien, era posible que permanecieran en el lugar si la parte superior del pozo estaba abierta al exterior. Este gas carbónico que ha ayudado a la conservación de las pinturas monocromas de la escena de los pozos es de origen biológico. Es producido por los micro-organismos que pululan dentro del suelo superficial del bosque.

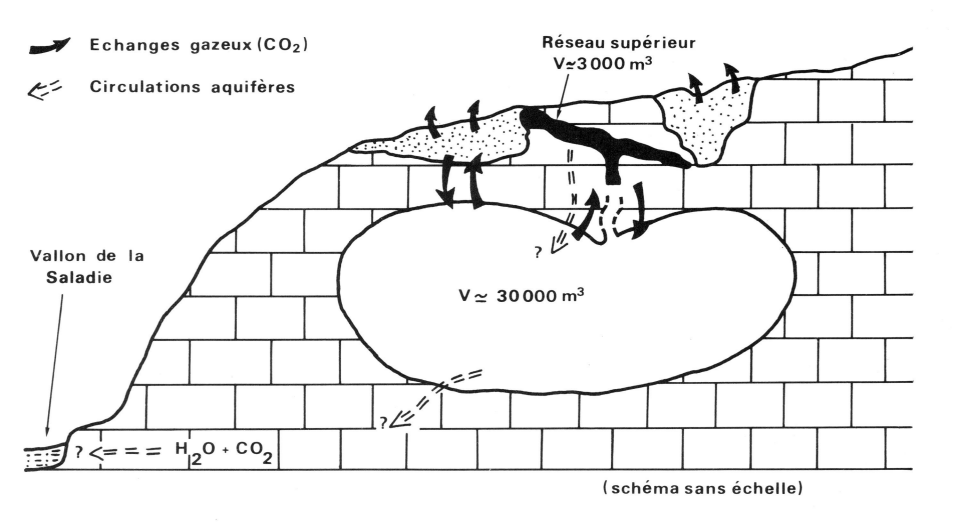

Echanges gazeux (CO_2)

Circulations aquifères

Réseau supérieur
$V \simeq 3\,000\ m^3$

Vallon de la Saladie

$V \simeq 30\,000\ m^3$

?

?

? $\Leftarrow$ = = = $H_2O + CO_2$

(schéma sans échelle)

Le suivi de la détente d'un gaz inerte injecté dans la cavité a permis de calculer le volume du réseau supérieur connu (3000 m³ environ) et du réseau *inférieur inconnu (30 000 m³). Ce dernier se développe au sein d'une couche calcaire de 80 m d'épaisseur.*

LE CYCLE DE L'EAU
EN PAYS CALCAIRE

La pluie qui atteint la surface du sol, ruisselle pour partie, s'infiltre pour l'autre part. Cette dernière fraction se déplace à travers le terrain, le long des diaclases verticales et des joints ou microfissures horizontales à des vitesses variables. L'eau piégée à ces profondeurs par les racines des herbes, arbustes et arbres, regagne l'atmosphère sous l'effet de l'évapotranspiration. Ce phénomène qui en période estivale intéresse 70 % de la pluie tombée sur le sol, s'annule durant les mois d'hiver. L'eau qui reste dans le sous-sol dissout les carbonates de calcium et agrandit peu à peu les espaces de la roche ; l'eau qui suinte au toit ou le long des parois d'une grotte dépose le CO₃Ca sous la forme de concrétionnements aux formes et dimensions multiples. L'eau qui coule au plancher de la grotte dépose à son tour et constitue des microbarrages en chapelets.

A Lascaux cette chape calcique d'une blancheur immaculée recouvre le sol préhistorique foulé par les peintres et masque les témoins divers révélés au cours de plusieurs campagnes de fouille dans les années 1952 et 1963.

THE CYCLE OF WATER
IN LIMESTONE LANDSCAPE

Water evaporating from the grounds is carried as vapour or clouds into air. Then it falls somewhere as rain or snow, returning to the ground and later to the sea to recommence the same wonderful natural cycle all over again. Water from rainfall on any region is evacuated in one of the three following ways : through the atmosphere as water vapour, as runoff in stream channels, or into the ground as ground water.

Rainfall penetrates the ground. There is growing evidence that most of it is returned to the surface. A part is retained by vegetation and treeroots. The remainder returns to the atmosphere (evapotranspiration). This phenomenon occurs between May and October each year. It disappears completely between November and April of the following year.

Rainfall water which filters down through the microfissures and joints, dissolves carbonates (CO₃Ca). In caves, carbonates are deposited due to the chemical reaction at the interface along the rocks. This process has its place in a system of numerous equilibria. Every change in the temperature or in the concentration of any component in the system, from the CO₂ in the atmosphere or in the cave and at the interface along the rocks is a cause for carbonates depositing. In galleries, water deposits on walls cristalline or microcristalline calcite. Calcite is deposited in the forms of concretions of various sizes on the ceiling of walls.

In Lascaux, limestone pools exist ; there are also small microgours (syn.). All are very white. They extend over prehistoric soil, and cover many stone implements left by the prehistoric painters.

DIE KALKE UND DAS
UNTERWASSER

Das Regenwasser, das die Bodenoberfläche erreicht, läuft zum Teil ab, zum anderen Teil versickert es. Dieser letzte Bruchteil verläuft durch den Boden und in unterschiedlicher Geschwindigkeit an den senkrechten Diaklasen und Klüften oder horizontalen Mikrospalten entlang.

Das durch die Wurzeln der Gräser, Sträucher und Bäume aufgestaute Wasser kehrt wieder durch Evapotranspiration in die Atmosphäre zurück. Diese Erscheinung trifft in der Sommerzeit für 70 % des Niederschlags zu, sie ist während der Wintermonate nichtig.

Das Wasser, das im Untergrund verbleibt, löst das Kaliumkarbonat und vergrößert nach und nach die Hohlräume im Felsen ; das Wasser, welches an der Decke oder an den Seitenwänden der Höhle durchsickert, setzt CO₃Ca in Form von Verhärtungen in den verschiedensten Gebilden und Größen ab. Das Wasser, das auf dem Boden der Höhle läuft setzt ebenfalls CO₃Ca ab und bildet so Mikroabdämmungen in Form von Perlenketten.

In Lascaux bedeckt diese makellos weiße Kalkspatbeschichtung den vorgeschichtlichen, von prähistorischen Malern betretenen Boden und verbirgt verschiedene Zeugen, welche im Laufe der letzten Ausgrabungen in den Jahren 1952 und 1963 zu Tage getreten sind.

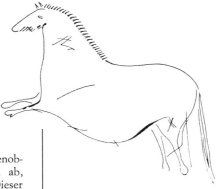

EL CICLO DEL AGUA
EN ROCAS CALCAREAS

La lluvia que alcanza la superficie del suelo se reparte y se infiltra. Esta última se desplaza sobre el terreno a lo largo de fisuraciones verticales y de junturas o microfisuras horizontales a velocidades variables. El agua atrapada a estas profundidades por las raíces de las hierbas, arbustos y árboles, vuelve a la atmósfera bajo el efecto de evapo-transpiración. Este fenómeno, que en período estival alcanza al 70 % de la lluvia que cae al suelo, se anula durante los meses de invierno. El agua que permanece en el subsuelo disuelve los carbonatos de calcio y agranda poco a poco los espacios de la roca ; el agua que rezuma del techo o a lo largo de las paredes de una gruta, deposita el carbonato de calcio bajo la forma de concreciones de formas y dimensiones múltiples. El agua que corre en el piso de la gruta se depositá a la vez y constituye microbarreras.

En Lascaux, esta capa cálcica de una blancura inmaculada, recubre el suelo prehistórico pisado por los pintores y oculta los diversos testimonios revelados a raíz de numerosas campañas de búsqueda en los años 1952 y 1963.

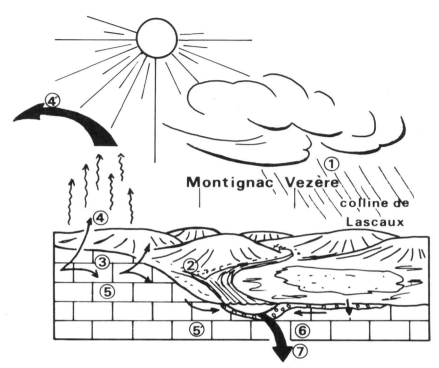

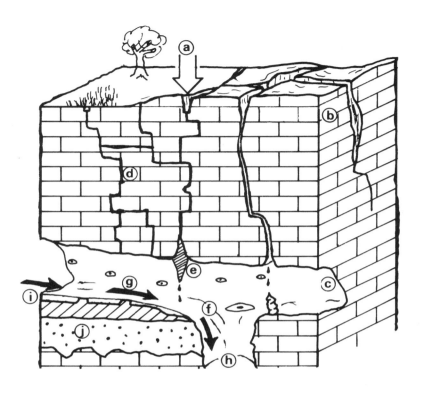

1. pluie ; 2. ruissellement ruisseaux, rivières... ; 3. infiltration ; 4.4'. reprise par les plantes et l'effet du soleil (évapo-transpiration) ; 5.5'. circulation et accumulation souterraine (nappes dans aquifères discontinus) ; 6. déversement partiel de la nappe dans la rivière (drainage) ; 7. évacuation vers la mer.

a. pluie ; b. infiltration directe à travers les fissures ouvertes du calcaire ; c. eau souterraine collectée au toit de la cavité ; d. infiltration retardée le long des microfissures ; e. précipitation de la calcite au contact air-roche (stalactite) ; f. suintement le long d'un joint de la roche ; g. ruissellement souterrain ; h. eau absor-bée (perte) par le plancher du réseau vers la nappe plus profonde ; i. formation de calcite au plancher (gour) ; j. sable de remplissage

La pluie tombe sur le sol, une partie s'infiltre, une autre ruisselle ; une fraction est reprise par évapotranspiration sous l'effet du soleil. L'eau d'infiltration dissout plus ou moins les calcaires et est à l'origine de la genèse du karst.

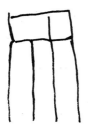

HYDROGEOLOGIE ET MORPHOLOGIE DE LA CAVITE

Les calcaires fissurés qui constituent la voûte de la cavité peinte, sont le siège de circulations temporaires avec émergence souterraine au toit du porche d'entrée actuelle (cf. fig.). Les eaux sont recueillies et évacuées à l'extérieur, leurs débits mensuels évoluent entre 0 et 200 m³.

Un mince lit marneux, continu, épais de 5 cm, constitue un horizon imperméable pour l'aquifère perché et ne laisse filtrer que de faibles suintements qui apparaissent à la voûte et le long des parois peintes. Les micro-émergences naissent le long des plans de fissures sub-horizontaux qui jouent le rôle de joints minces entre les bancs calcaires.

Les ondes hydriques qui affectent la grotte, sont fonction de la climatologie externe et de la puissance (P) de la voûte (entre 3 et 18 m selon les lieux considérés). Ces ondes apparaissent au niveau des parois avec un décalage dans le temps très variable : ainsi pour P = 5 m Δt = 2,5 mois (verticale du mur de la Salle des Taureaux) ; P = 8 m Δt = 4 mois (verticale des cerfs rouges et jaunes).

HYDROGEOLOGY AND MORPHOLOGY OF THE CAVE

Ground water is all the water clinging to and saturating the rock at some distance below the soil surface. Rainfall enters the ground and starts downwards. When rainfall however persists for a long time, water may percolate downwards and penetrate to the water-table. Ground water occurs in water-bearing strata of rock called aquifers. There are replenished, or resupplied by rainfall.

Water which penetrates into the fissured limestone of the cave, appears on the arched surfaces. The quantity of this water is estimated at between 0 and 200 m³/month. A thin marly bed 5 cm in thickness serves as an impermeable bed at the base of the aquifer. It allows a small amount of water to percolate and to appear on the arch surface and along the painted walls. In Lascaux, microsprings appear along some thick horizontal bedding-plane passages. Ground water consume CO_2 in the closed system by dissoluting limestone. When the water attain air-filled space it loses the CO_2. The same time it deposits calcareous sinter until it reaches its equilibrium. The CO_2 content of the air in the cave therefore rise (see previous pages).

The circulation of ground water inside bedding planes and joints is affected by external climatic factors and by the thickness of the micro karstic aquifer over the cave (thickness : from 3 to 18 metres). The time of arrival of moisture from the atmosphere at the bedding-planes, is computed as follows : if thickness = 5 m Δt = 2,5 months (along the vertical near the wall of « Salle des Taureaux ») ; if thickness = 8 m Δt = 4 months (along the vertical of the end of the « Salle des Taureaux »).

HYDROGEOLOGIE UND MORPHOLOGIE DER HÖHLE

In dem zerklüfteten Kalk, der die Wölbung der bemalten Höhle bildet, befindet sich der zeitweilige Wasserumlauf mit unterirdischer Austrittsstelle an der Decke der jetzigen Eingangsvorhalle (siehe Zeichnen). Das Wasser wird gesammelt und fließt nach außen hin ab. Die monatliche Wassermenge liegt zwisschen 0 und 200 m³.

Eine dünne, fortlaufende Marneschicht von 5 cm Dicke bildet einen undurchlässigen Horizont für die, sich in der Höhe befindliche, Wasserführung und läßt nur geringe Wassermengen durchsickern, welche an der Wölbung und längs der bemalten Seitenwände erscheinen. Die Mikroaustrittsstelen tauchen längs der fast horizontalen Spaltflächen auf und spielen die Rolle feiner Fugen zwischen den Kalkbänken.

Die hydrischen Wellen, welche die Höhle beeinflussen, hängen von den äußeren klimatischen Verhältnissen ab und von der Stärke (P) der Wölbung (zwischen 3 und 18 m je nach Untersuchungspunkt). Diese Wellen erscheinen an den Seitenwänden in einer sehr unterschiedlichen Zeitspanne : so ist für P = 5 m Δt = 2,5 Monate (überhalb der Mauer im « Salle des Taureaux ») ; P = 8 m Δt = 4 Monate (überhalb der gelben und roten Hirsche).

HIDROGEOLOGIA Y MORFOLOGIA DE LA CAVIDAD

Los calcáreos fisurados que constituyen la bóveda de la cavidad pintada, son la sede de circulaciones temporales con emergencias subterráneas en el techo del pórtico de entrada actual (cf. fig.). Las aguas son recogidas y evacuadas al exterior. Los caudales mensuales varían entre 0 y 200 metros cúbicos.

Una pequeña capa marnosa, continua, de 5 cm de espesor, constituye un horizonte impermeable para los líquidos y no deja filtrar sino pequeñas cantidades de rezumamiento que aparecen en la bóveda y a lo largo de las paredes pintadas. Las micro-emergencias nacen a lo largo de las fisuras sub-horizontales que juegan el papel de delgadas juntas entre los bancos calcáreos.

Las ondas hídricas que afectan la gruta, son función de la climatología externa y del espesor (E) de la bóveda (entre 3 y 18 metros según los lugares considerados). Estas ondas aparecen al nivel de las paredes con una diferencia en el tiempo que es muy variable : así, para E = 5 m, Δt = 2,5 meses (vertical del muro de la Sala de los Toros) ; E = 8 m, Δt = 4 meses (vertical de los ciervos rojos y amarillos).

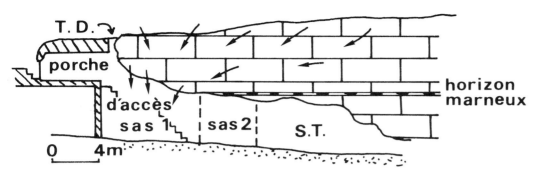

T. D.

porche

d'accès

sas 1   sas 2   S.T.

0   4m

horizon
marneux

**Schéma simplifié de l'aquifère au droit
du réseau principal. (coupe en long)**

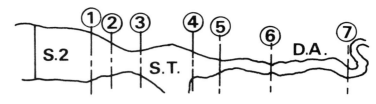

S.2   S.T.   D.A.

(plan partiel)

**Morphologie interne de la cavité
(coupes transversales)**

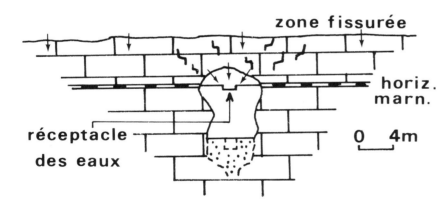

zone fissurée

horiz.
marn.

réceptacle
des eaux

0   4m

**Cadre hydrogéologique simplifié
(coupe transverse à la cavité)**

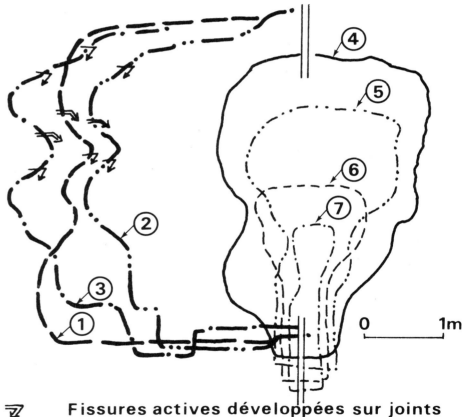

0   1m

Fissures actives développées sur joints

*L'eau qui envahit les calcaires fissurés au-dessus du porche de la grotte est arrêtée par un écran marneux imperméable et émerge à la voûte. Elle est
recueillie et évacuée à l'extérieur de la grotte après collecte dans une citerne.*

ALTERATION PAR. L'EAU ET LES COURANTS D'AIR

Le Diverticule de Droite (D. D.) est une zone privilégiée à l'intérieur du réseau orné de la grotte. C'est en effet un passage qui reliait autrefois deux systèmes bien différents par la morphologie et la climatologie intérieure. A une époque où la grotte possédait deux ouvertures (l'entrée actuelle d'une part et un trou à proximité des Salles Ensablées d'autre part) le climat était froid et humide. Il y avait beaucoup de vent en particulier au sommet de la colline qui était exposée directement aux vents d'Ouest et du Nord-Ouest. La disposition de ces trous a facilité la création de courants d'air à l'intérieur de la cavité. Ces courants étaient d'autant plus forts que la différence de température était grande entre l'extérieur et l'intérieur de la grotte. Ainsi, pendant des milliers d'années, l'air qui s'est introduit a frotté les parois et a usé la calcite blanche qui s'était déposée autrefois.

Le résultat actuel est montré sur la photo où nous ne voyons plus que les pattes et le bas du ventre d'un animal peint en noir sur la calcite blanche. Au-dessus, la roche est nue, il s'agit d'un calcaire gréseux. A l'origine il était protégé par la calcite, mais plus tard, il s'est effrité lentement grain par grain. Cette altération fut provoquée par la désagrégation du ciment qui reliait entre eux les grains de silice.

La galerie montre ici les restes d'une érosion mécanique qui s'est manifestée durant 10 à 12 000 ans environ. Le comblement naturel du trou des Salles Ensablées s'est fait à une date inconnue. Cela a arrêté la ventilation forcée et après, les courants d'air se sont déplacés très lentement. Par la suite il y a eu stabilisation de l'altération. Actuellement le passage est équipé d'un sas étanche pour arrêter tous les échanges entre les deux parties de la grotte et améliorer la conservation.

CAVE DETERIORATIONS AND AIR CURRENTS

The « Right hand Gallery » is a privileged part inside the painted cave. In effect, it is one passage which connected, in the past, two different karstic systems. The morphology, the inside climatology and concretionment were different.

Some thousands years ago the cave had two opening-holes. On the one hand there was the actual entrance, and there was a hole which was near the « Salles Ensablées », on the other. During this period, there was also frequent winds, in particular at the top of the hill which was weathered at west and northwest. The position of these holes have helped the creation of the currents of air inside of the cavity.

Thus, all through some thousands years, the air which moved inside, rubbed the walls and the ceilings and wore out the white calcite which was deposited in past time. The Prehistorics had painted numerous animals on the walls of this passage, before the draught existed. The present result is visible on the photograph.

You see only the feet and the belly of a black horse which was painted on the white and lumpy mineral calcite composed of calcium carbonate (CO_3 Ca). Above, the rock crops out. It is a yellowish cornstone. In the beginning, it was protected by the sinter deposit. Later, it crumbled away leisurely, grain after grain. The rock decay was provoked by an heterogeneous and calcareous cement.

In this gallery you see the result of an aerial erosion which pursued about 10 or 12 000 years.

VERANDERUNG MIT DEM WASSER UND DEN LUFTKREISLAUFE

Der « Diverticule de Droite » (D. D.) ist eine privilegierte Zone im Innern des ausgeschmückten Karstnetzes der Grotte. Es handelt sich in der Tat um einen Durchgang, der sowohl in der Morphologie wie im Klima einst zwei sehr verschiedene Systeme miteinander verband. Zu einer Zeit, als die Grotte noch zwei Eingänge besaß (den heutigen Eingang sowie ein Loch in der Nähe der mit Sand verschütteten Säle) war das Klima kalt und feucht.

Die Anordnung der Eingänge förderte das Entstehen von Luftzügen im Innern der Höhle. Auf diese Weise hat die Luft, welche in die Grotte eindrang, die Höhlenwände während Tausenden von Jahren abgerieben und den weißen Kalkstein zersetzt, der ehemals die Wände bedeckte.

Die bis heute erhaltenen Resultate kann man auf dem Photo sehen. Man sieht nur noch die Tatzen und den Unterleib eines in schwarz gemalten Tieres auf dem weißen Kalkstein. Darüber wurde das Gestein freigelegt ; es handelt sich um Sandsteinkalk. Ursprünglich bedeckte und schützte der Kalk das darunter liegende Gestein. Mit der Zeit jedoch zerbröckelte das Gestein und zersetzte sich Sandkorn für Sandkorn.

In der Galerie sieht man die Reste einer mechanischen Erosion, welche sich über 10 000 oder 12 000 Jahre erstreckte. Der natürliche Verschluß des Loches, welches zu den versandeten Sälen führt, fand zu einem unbekannten Zeitpunkt statt. Dieser Verschluß setzte dem starken Durchzug in der Grotte ein Ende. Der Luftzug veränderte langsam seine Richtung und die Beschädigung des Gesteins stabilisierte sich.

ALTERACION DE LAS GALERIAS

El divertículo de la derecha (D. D.) es una zona privilegiada al interior de una red adornada de la gruta. Es en efecto un pasaje que unía anteriormente dos sistemas bien diferentes por la morfología y la climatología interiores. En una época, cuando la gruta poseía dos aberturas (de una parte la entrada actual, de otra parte un hueco en las proximidades de las Salas Arenosas : Salles Ensablées), el clima era frío y húmedo. La disposición de esos huecos ha facilitado la creación de corrientes de aire al interior de la cavidad. De esta forma, durante millares de años, el aire que se ha introducido ha frotado las paredes y ha usado la calcita blanca que se había depósitado anteriormente.

Antes de que la perturbación eólica comenzara, los hombres habían pintado algunos animales. Más tarde, ellos comprendieron que había una degradación anormal de sus dibujos. Debido a esto, pintaron y grabaron los contornos de los caballos y de los cérvidos.

El resultado actual está mostrado en la foto. No se ve sino solamente las patas y la parte baja del vientre de un animal pintado en negro sobre la calcita blanca. Arriba, la roca está desnuda. Se trata de un calcáreo gresoso. Originalmente estaba protegido por la calcita. Más tarde, se desmoronó lentamente grano por grano.

La galería muestra aquí los restos de una erosión mecánica que se manifestó durante 10 a 12 000 años aproximadamente. El relleno natural del hueco de la Sala Arenosa se efectuó en una fecha desconocida. Esto ha parado la ventilación forzada y posteriormente las corrientes de aire se desplazaron muy lentamente. En consecuencia hubo una estabilización de la alteración.

L'horizon calcaréo-gréseux a été attaqué par l'eau souterraine. Les zones tendres ont été décapées. Il reste les formes compactes qui offrent une morphologie très complexe avec multiplication des alvéoles et des éperons.

EVOLUTION THERMIQUE DU MILIEU SOUTERRAIN

Dans une grotte les températures de l'air et des parois dépendent de sa géométrie, de la profondeur sous la surface du sol des différentes parties du réseau et de l'importance des courants d'air qui circulent à l'intérieur.

Lascaux est une cavité fermée à l'intérieur de laquelle les variations thermiques en un point se manifestent à l'échelle de la semaine, ailleurs à l'échelle du mois, ailleurs encore à l'échelle de la saison. Ces variations s'effectuent en sens inverse des évolutions saisonnières externes et sont dûes au fait que les ondes thermiques qui pénètrent dans le terrain à partir de la surface du sol se déplacent lentement vers la profondeur. Ces ondes correspondent aux influences climatiques donc à l'activité solaire, le froid des mois de janvier et février ne se fait sentir à la voûte de la Salle des Taureaux qu'en juillet-août, soit avec un retard de 6 mois. La stabilité relative des températures dans les Salles souterraines est favorable à la conservation des peintures.

A l'inverse nous savons que les variations rapides et brutales peuvent modifier les conditions physico-chimiques du concrétionnement sur les parois et aider au dépôt de la calcite.

Le régime thermique de la cavité a été suivi de façon permanente depuis la fermeture. Les mesures se font ponctuellement tous les jours et un enregistreur multivoies donne également des informations précises en permanence. Le graphique ci-contre montre que l'amplitude annuelle de l'air extérieur peut atteindre 25°C (entre + 20 et — 5°C). Dans la cavité, cette amplitude est ramenée à 1,5°C à la hauteur des Salles Ensablées, 0,5°C au toit de la Salle des Machines et 0,1°C au fond du Cabinet des félins. Cette zone se situe à 25 m sous la surface des calcaires.

THERMIC EVOLUTION IN SUBTERRANEAN ENVIRONMENT

It is known that the air and rock temperatures inside a karstic cave depend on the following factors : the nature of geologic rocks, the geometry of the cave, the hydrogeologic activity, the depth of underground karstic system below the land surface, the amount of air circulating inside the cave.

The closed cavity of Lascaux, represents howewer a special case in which the thermal variations are constant during a considerable time of the year. The thermic variations in cave are inverted in comparison with thermic aerial variations. Thus it is because thermical waves which go through the limestone ground climb down in smoothness. These waves depend on the climate, and then, on the sun activity. The thermal variations inside the cave are affected by outside temperature variations only after a lapse of time of 6 months. Thus, the winter cold (January and February) reaches the painting halls in summer (July and August) and inversely.

The relative stability of the temperature inside the cave is indeed favourable for the conservation of painted pictures. On the contrary, quick and rough variations can deteriorate the physical and chemical conditions of sinter deposit on the walls.

Later, the cave was closed (in March 1963) and the thermal regime inside it, was followed by daily measurements of temperature. The results are shown in the accompagnated figure. They indicate that the amplitude of the annual air temperature variation outside is 25°C (February : — 5°C ; August : + 20°C). The amplitude of annual temperature variation inside is small (t_1 = 1,5°C ; t_2 = 0,5°C ; t_3 = 0,1°C).

TERMISCHE ENTWICKLUNG DER UNTERIRDISCHEN UMWELT

In einer Höhle hängt die Temperatur der Luft und der Wände von ihrer Geometrie, von der Tiefe unter der Bodenfläche von den verschiedenen Teilen des Netzes und von dem Luftzuge dort ab.

Lascaux ist eine geschlossene Höhle, worin die termischen Veränderungen an einer Stelle im Laufe der Woche anderswo im Laufe eines Monates anderswo im Laufe einer Jahreszeit spürbar sind. Diese Veränderungen hängen von den termischen Wellen ab, die in den Boden von der Fläche abdringen und die sich langsam bis in die Tiefe fortbewegen.

Diese Wellen entsprechen den klimatischen Einflüßen, also der Tätigkeit den Sonne. Also ist die Kälte des Monates Januar und des Monates Februar an dem Gewölbe des Saals der Stiere unter mit einer erst im Juli und im August spürbar das heißt mit sechs Monaten Verspätung. In den unterirdischen Sälen ist die relative Stabilität der Temperaturen günstig für das Erhalten der Malereien.

Die termischen Veränderungen der Höhle wurden seit dem Schluß dauernd abgemessen. Zur Zeit jeden Tage ab und zu. Ein vielbahnes Aufnahmegerät gibt auch dauernd genaue Hinweise. Die beigefügte Graphik zeigt, daß die äußere Temperatur im Jahr 25 Grad Wärme erreichen kann (zwischen 20 Grad Wärme und 5 Grad Kälte). In der Höhle sinkt die Temperatur auf 1,5 Grad Wärme in der Höhe der versandeten Säln auf 0,5 Grad Wärme auf dem Dach des Saals der Maschinen und auf 0,1 Grad Wärme unten im « Cabinet des félins ». Diese Zone liegt 25 Meter unter der Kalkfläche.

EVOLUCION TERMICA DE LA RED SUBTERRANEA

Dentro de una gruta la temperatura del aire y de las paredes dependen de su geometría, de la profundidad por debajo de la superficie del suelo, de las diferentes partes de la red y de las corrientes de aire que circulan al interior.

Lascaux es una cavidad cerrada al interior de la cual las variaciones térmicas en un punto se manifiestan a la escala semanal, a la escala mensual, y además a la escala de las estaciones climáticas. Estas variaciones se efectúan en sentido inverso de las evoluciones de las estaciones en el exterior y son debidas al hecho de que las ondas térmicas que penetran dentro del terreno a partir de la superficie del suelo se desplazan lentamente hacia la profundidad. Estas ondas corresponden a las influencias climáticas y por lo tanto a la actividad solar ; el frío de los meses de Enero y Febrero no se hace sentir en la bóveda de la Sala de los Toros hasta Julio y Agosto, es decir, con un retraso de seis meses. La estabilidad relativa de las temperaturas dentro de las salas subterráneas es favorable a la conservación de las pinturas.

El régimen térmico de la cavidad ha sido observado permanentemente después del cierre. Las mediciones se hacen exactamente todos los días y un aparato de registro múltiple da igualmente y en forma permanente las informaciones precisas. El gráfico adjunto nos muestra que la amplitud anual del aire exterior puede alcanzar 25°C (entre + 20° y — 5°C). Dentro de la cavidad, esta amplitud sólo alcariza 1.5°C en el techo de la Sala de las máquinas y 0,1°C al fondo de la Sala de los Felinos (Cabinet des Félins). Esta zona se sitúa a 25 metros bajo la superficie de los calcáreos.

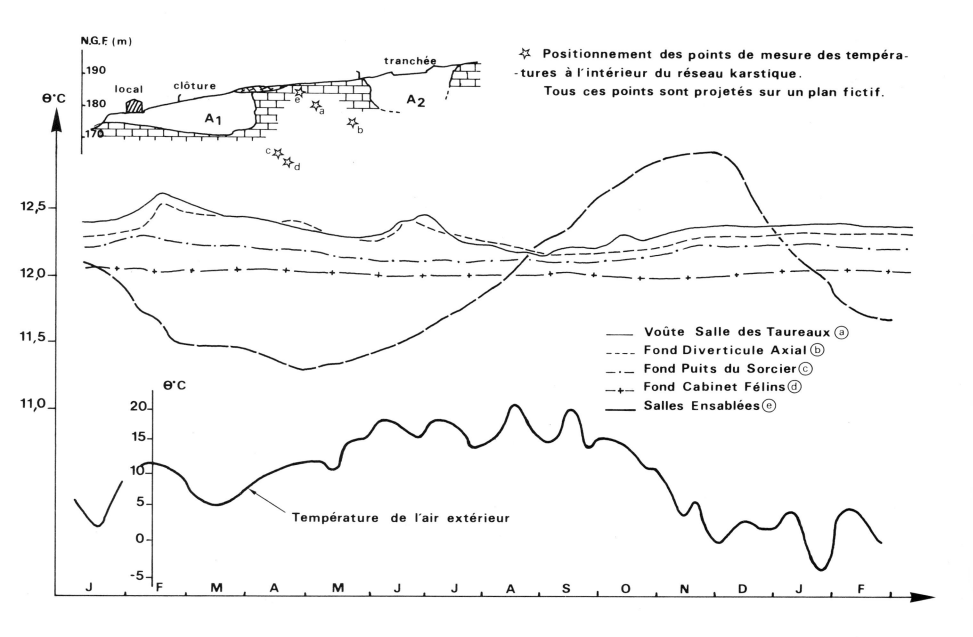

La mesure de température est faite en de nombreux endroits à l'intérieur du réseau orné. Plus la couche de roche est épaisse et plus l'amplitude thermique annuelle est faible. La température est constante à une vingtaine de mètres de profondeur.

CONCRETIONNEMENT DES PAROIS

A son arrivée sur les parois de la grotte, l'eau d'infiltration a traversé sur plusieurs mètres la roche calcaire fissurée, a eu le temps de s'équilibrer chimiquement avec le milieu et de se charger en éléments solubles divers, principalement en carbonate de calcium (CO_3Ca). La présence de gaz carbonique dissous dans cette eau est à relier au fait que celle-ci traverse un horizon pédologique bioactif riche en gaz.

Au contact avec l'atmosphère de la cavité moins riche en CO_2 l'eau va perdre une partie de ce gaz. Ce dégazage provoque la précipitation du CO_3Ca sur les lèvres de la fissure comme à la périphérie ou à l'extrémité de la concrétion. Dans un deuxième temps les gouttes qui tombent sur les parois ou le plancher de la salle ou du conduit perd la fraction excédente du gaz, laquelle entraîne la précipitation du CO_3Ca restant. Ainsi verra-t-on se développer les stalactites au plafond, les stalagmites au plancher et la multiplication des germes cristallins, des efflorescences, des voiles sur les parois, les fissures et écailles. Au plancher se développe un concrétionnement de type particulier constituant ce que l'on appelle des gours. Ces dépôts sont associés également à la fuite dans l'atmosphère du CO_2. La précipitation du CO_3Ca se fait progressivement et préférentiellement sur des lignes de crêtes qui constituent de petits barrages en chapelets.

CARBONATE DEPOSIT ON THE WALLS

Infiltration water which goes through fissured limestone rocks, dissolves carbonate and other minerals. This water contents CO_2 derived from the living organism activities in the soil. Water loses part of its CO_2 gas on the wall of the cave. This leads to the precipitation of CO_3Ca over the cracks and fissures.

Water dropping to the halls leads to the formation of stalactites on account of the release of CO_2. Calcite recipitates appear below the bedding planes, around and at the extremity of the concretions. In each room, at the foot of the walls, there is a thin and hard — ferruginous — concrete bed. It contains some calcite crystals and many unequigranular quartz grains. The colour is dark brown.

The « gour » or limestone pool is also another type of concretion (CO_3Ca), resulting from the modifying effects of the CO_2 gas. In Lascaux, gour is a soft, porous and friable mineral deposit when water covers it. The deposit becomes hard when it is dry.

Water rich in CO_3Ca flowing over the bars in a thin film has a wide surface and releases CO_2 thus forming flowstone. If the water follows a channel, the channel will gradually fill with flowstone until the same level is reached as in the neighbouring rock ; then the water spreads out in a thin film over the whole surface. In the cave, the impurities transported in the water are barely perceptible and of a slight amount. Furthermore, the strata are a glittering white.

KALKABLAGERUNGEN DER WÄNDE

Wenn das Versickerungswasser die Seitenwände der Höhle erreicht hat, hat es mehrere Meter des zerklüfteten Kalkfelsens durchlaufen und hat sich chemisch mit der Umgebung ausgleichen und sich mit verschiedenen löslichen Elementen anreichern können, und zwar hauptsächlich mit Kaliumkarbonat (CO_3Ca).

Die Gegenwart von gelöstem Kohlendioxid in diesem Wasser ist mit der Tatsache zu verbinden, daß es eine pedologische, bioaktive Ebene durchläuft, welche reich an Gas ist. In Verbindung mit der Atmosphäre der Höhle, welche nicht so reichhaltig an CO_2 ist, wird das Wasser einen Teil dieses Gases verlieren. Diese Entgasung führt zum Ausscheiden von CO_3Ca verursacht.

So wird man die Entwicklung der Stalagtiten an der Decke, der Stalagmiten am Boden, die Vermehrung der kristallinen Keime der Beschläge, der Schleier auf den Seitenwänden und der Spalten und Sinter verfolgen können.

Auf dem Boden ist die Entwicklung einer besonderen Konkretion zu vermerken, welche « gours » genannt werden. Diese Ablagerungen sind ebenfalls mit dem in die Atmosphäre entweichenden CO_2 verbunden. Das Ausscheiden von CO_3Ca nimmt besonders auf den Kammlinien zu, welche kleine Staudämme in Form von Perlenketten bilden.

CONCRECIONAMIENTO CALCICO

A su llegada sobre las paredes de la gruta, el agua de infiltración ha atravesado varios metros de la roca calcárea fisurada y ha tenido el tiempo necesario para equilibrarse químicamente con el medio y de cargarse en elementos solubles diversos y principalmente en carbonato de calcio. La presencia de gas carbónico disuelto dentro de esta agua está relacionada con el hecho de que está atraviesa un horizonte pedológico bio-activo rico en gas.

Al contacto con la atmósfera de la cavidad menos rica en CO_2, el agua va a perder una parte de ese gas. Esta desgasificación provoca la precipitación del carbonato de calcio sobre los labios de la fisura así como sobre la periferia o en la extremidad de la concreción. En una segunda fase, las gotas que caen sobre las paredes o al piso de la sala o del conducto, pierden la fracción restante del gas, la cual conlleva la precipitación del carbonato de calcio restante. De esta forma uno puede ver el desarrollo de las estalactitas en el techo, de las estalagmitas en el piso y la multiplicación de gérmenes cristalinos, de eflorecencias, de velos sobre las paredes, las fisuras y los desconchamientos. Sobre el piso uno puede ver el desarrollo de un concrecionamiento particular, constituyendo lo que se suele llamar pequeñas barreras. Estos depósitos están asociados igualmente al escape dentro de la atmósfera del CO_2. La precipitación de carbonato de calcio se hace progresivamente y preferencialmente sobre las líneas de crestas que constituyen pequeños diques en forma de rosario.

La précipitation de la calcite au sein de l'eau de ruissellement qui courait sur le plancher de la grotte, a créé peu à peu un plancher et des gours. Le fond du dernier petit barrage dans la S.T. recélait une microexcavation agrémentée de 2 perles des cavernes.

MICROCONCRETIONNEMENT PARIETAL

Une analyse précise des parois de la grotte permet de remarquer la présence de dépôts calciques anciens ternes ou colorés comme celle de concrétions récentes blanches et opaques, translucides ou transparentes. La genèse de ces micro dépôts a été étudiée à partir de contrôles réguliers (P. V.) effectués par prises de vues doubles et légèrement décalées pour une analyse par vision en relief des phénomènes. Il s'agit de zones-témoins de quelques dm² représentatives des formes cristallines les plus fréquemment rencontrées dans les salles et couloirs. Quatre plages ont été choisies sur la paroi gauche de la salle des taureaux et une sur la paroi droite de cette même salle. Les micro-faciès cristallins retenus sont alimentés en eau selon des rythmes hydrogéologiques très différents. Deux plages supplémentaires concernant des surfaces rocheuses fissurées et écaillées au niveau de la Licorne et d'un grand taureau noir font l'objet de surveillance par le même procédé sur des surfaces plus importantes (1 m² environ).

Le bilan effectué sur les documents enregistrés depuis 1970 permet de constater l'apparition de quelques efflorescences et la chute de particules en quelques rares points. Au niveau des plages fissurées de la Licorne, il y a un léger épaississement des lèvres du joint calcifié depuis 1975 et l'accroissement anarchique d'un voile ponctuel amorphe. Il est évident que ces mécanismes, lorsqu'ils se produisent sur des parties décorées, ont des conséquences néfastes sur la surface peinte. La climatisation artificielle du réseau souterrain s'oppose à ce phénomène naturel et tend à le minimiser au maximum (cf. ci-après).

MICROCONCRETIONMENT

In Lascaux, between September and November 1940 the limestone pools were very active. Water flowed over the bars ; it was distributed over its whole breadth. In December 1940, H. Breuilh pierced the bars and several thousands of litres of water trickled on to the sandy floor. About a month later, runoff was deflected outside and the gour dried up. In the « Bulls Hall », the pools have a diametre of between 1 and 2 metres. The limespectively 10 or 20 centimetres high. In « the Right hand Gallery » the gours gours with a few centimetres in height, a few decimetres in width and a few centimetres in depth.

Some of the inner deposits and concretions were identified on the walls of the cave. The genesis of these deposits was studied with periodic observations of small areas on the walls and pictures. We concentrated on 4 small surfaces on the left wall in the « Bulles Hall » and on a small surface on the right (surface = 1 dm²). We also studied 2 large surfaces near the « Unicorn » and 1 on the « big bulls » (surface = 1 m²). Stereoscopic coloured photographs are taken every 6 months. They are enlarged and examined with care (P. V.).

Examinations of previous documents since 1970, indicated the appeerence of some efflorescences and also the peeling of some particles from the wall. A slight increase of efflorescences on the surface of the joint was observed and in time it will have a destructive effect on the painted surfaces. The peeling is associated with corrosion of carbonate crust. The artificial climatisation of the subterranean network aids in painting conservation.

WANDMIKROKALKABLA-GERUNGEN

Eine genaue Untersuchung der Seitenwände der Höhle läßt das Vorhandensein von alten, matten oder farbigen Kalkspatablagerungen erkennen, genauso wie jüngere, milchigweiße, durchcheinde oder transparente Konkretionen.

Die Entwicklung dieser Mikroablagerungen ist untersucht worden und zwar anhand von regelmäßigen Kontrollen, welche auf einem repräsentativen Probe-Raum von einigen dm² ausgeführt wurden. Kristallinische Formen sind überwiegend in den Sälen und Gängen angetroffen worden. Vier Untersuchungsbereiche sind auf der linken Seitenwand vom « Salle des Taureaux » gewählt worden und einer auf der rechten Seitenwand des gleichen Saals. Zwei weitere Untersuchungsbereiche, welche felsige, zerklüftete und abgebröckelte Oberflächen betreffen und sich auf dem gleichen Niveau wie das Einhorn und einem großen, schwarzen Stier befinden, bilden den Gegenstand einer genauen Untersuchung durch zweifache, leicht verschobene Aufnahmen, um eine Analyse durch Reliefbetrachtung zu ermöglichen. Die Oberflächen sind bedeutender (etwa 1 m²).

Die aufgestellte Bilanz, die die Dokumente und Eintragungen seit 1970 betreffen, läßt die Erscheinung von Beschlägen und den Fall von Partikeln an einigen wenigen Stellen vermerken.

Die künstliche Klimatisation des unterirdischen Netzes stellt sich diesem natürlichen Phänomen entgegen und neigt dazu es maximal zu verringern (siehe weiter unten).

MICROCONCRECIONAMIENTO DE LAS PAREDES

Un análisis preciso de las paredes de la gruta permite notar la presencia de depósitos calcicos antiguos opacos o coloreados como aquel de concreciones recientes blancas y opacas translúidas o transparentes. El origen de estos micro-depósitos ha sido estudiado a partir de controles regulares (P. V.) efectuados en zonas-testigo de algunos decímetros cuadrados que son representativas de las formas cristalinas más frecuentemente encontradas dentro de las salas y los corredores. Cuatro lugares han sido escogidos sobre la pared izquierda de la sala de los toros y uno sobre la pared derecha de esta misma sala. Las micro facies cristalinas retenidas son alimentadas en agua según ritmos hidrogeológicos muy diferentes. Dos lugares suplementarios concernientes a las superficies rocosas fisuradas y desconchadas al nivel de la Licorne y de un gran Toro negro son objeto de vigilancia por toma de fotos dobles y ligeramente en desfase para un analisis por visión en relieve de los fenómenos. Las superficies son más importantes (1 metro cuadrado aproximadamente).

El balance efectuado sobre los documentos registrados a partir de 1970 permite constatar la aparición de algunas eflorecencias y la caída de partículas en algunos puntos. Al nivel de los lugares fisurados de la Licorne hay un leve aumento de los labios de la juntura calcificada desde 1975 y el crecimiento anárquico de un velo puntual amorfo. Es evidente que cuando estos mecanismos se producen sobre las partes decoradas tienen consequencias nefastas sobre la superficie pintada. La climatización artificial de la red subterránea se opone a este fenómeno natural y tiende a minimizarlo al máximo.

Macrophotographies de la partie droite de la Salle des Taureaux (X 14,35) et surveillance de l'évolution de la croissance cristalline sur une partie peinte. A gauche, petites cristallites en baguettes regroupées en gemmes ; à droite, cristaux de calcite dits en choux-fleurs.

MICROTOPOGRAPHIE, MICROHYDROGEOLOGIE ET THERMOGRAPHIE

A la demande de la Commission de Sauvegarde, une carte reproduisant la microtopographie pariétale a été établie (I.G.N.) dans le secteur où a été peinte la Licorne. Elle représente, en réduction, une fraction de la paroi droite de la S. T. Ce document de haute précision nous a permis d'analyser la configuration macro-cristalline et d'établir des relations entre la peinture préhistorique et les formes de la paroi.

L'activité hydrique de ce secteur étant notable et variable dans le temps, nous avons tenté d'en comprendre la dynamique et de la cartographier. Et dans ce but nous avons mis au point dès 1971 une méthode d'investigation originale permettant d'identifier le mouvement hydrique superficiel par l'intermédiaire de son reflet thermique. Cette identification se fait à distance et permet une investigation totale sur la paroi et la peinture.

Le microsystème hydrogéologique autour de la Licorne et des grands taureaux est important et les fluctuations saisonnières sont fréquentes. Ce sont les radiations infrarouges émises par la scène-objet qui sont mesurées, enregistrées puis reportées sur carte. Sur cette carte microtopographique, le lecteur peut remarquer le dessin des contours de la peinture. La Licorne est peinte à partir d'un oxyde de manganèse noir ; les traits ont 3 à 8 cm de large et 2 à 3 mm d'épaisseur. Cette thermographie peut être effectuée à tout moment et nécessite une infrastructure facile à mettre en œuvre malgré les difficultés de tous ordres inhérentes au milieu souterrain. Cette méthodologie s'est très vite généralisée pour l'étude des cavités et monuments et donne d'excellents résultats.

WALL MAP, MICRO OOZING AND THERMOGRAPHY

The microtopography map of the wall around « the Unicorn » was in accord with the Commission of the Protection of the Environment. This highly accuracy map was examined in order to establish the relationship between the prehistoric painting and the form of the wall.

An original research method of investigation was proposed in 1971. This method which employed thermal reflection can be utilised to detect the movement of surface moisture. Remote measurements are made to examine the moisture on the wall of the cave and on the painted pictures. The infrared radiation waves transmitted by the painted wall are measured and recorded. The results are later indicated on a map. This method, which was used for the study of moisture movement on the wall of the caves and on the prehistoric pictures, produced highly interesting results.

The microhydrologic system around « the Unicorn » and Big Bulls is active and seasonal fluctuations in it are numerous. This is why we measure variations and draw them on specific maps. Seeping water oozes out on the neck of the animal.

On this micro topographic map, the reader can distinguish the outline of the painting. The « Unicorn » was drawn with only manganese oxyd. The strokes are wide (from 3 to 8 centimetres), thick (from 2 to 3 millimetres) and only black in colour.

MIKROTOPOGRAPHIE MIKROHYDROGEOLOGIE UND THERMOGRAPHIE

Auf Anfrage der « Commission de Sauvegarde » wurde eine Karte angefertigt, welche die Mikrotopographie der Felsmalerei für den Bereich des Einhornbildes widergibt. Sie stellt reduziert einen Bruchteil der Seitenwand von dar. Dieses Dokument von äußerster Genauigkeit hat uns erlaubt die makrokristallinischen Bildungen zu analysieren und Beziehungen zwischen den prähistorischen Malereien und den Formen der Seitenwand herzustellen. Da die hydrische Aktivität in diesem Sektor bedeutend und variabel sein kann, haben wir versucht ihre Dynamik zu analysieren und sie kartographisch darzustellen.

Zu diesem Zweck haben wir schon 1971 eine originelle Forschungsmethode aufgestellt, welche erlaubt die oberflächliche, hydrische Bewegung mit Hilfe ihrer thermischen Wirkung zu identifizieren. Diese Bestimmung wird aus der Entfernung gemacht und erlaubt eine Gesamtuntersuchung der Seitenwand und der Malerei. Die infraroten Strahlungen, die durch die zur Untersuchung ausgewählten Szene ausgestrahlt werden, werden gemessen, registriert und auf die Karte übertragen.

Auf dieser mikrotopographiken Karte kann der Leser das Zeichnen Malereiumrisse beobachten. Die Einhorn ist mit einem schwarzen Manganoxyd gemalt. Die Zugen sind von 3 bis 8 centimeter breit und von 2 bis 3 millimeter Dicke.

Diese Thermographie kann zu jeder Zeit ausgeführt werden und erfordert nur eine einfache Organisation, trotz der Schwierigkeiten, die sonst mit der unterirdischen Umgebung verbunden sind.

CARTOGRAFIA, MICROHIDROLOGIA Y TERMOGRAFIA

A solicitud de la Comisión de Salvaguardia (Commission de Sauvegarde), una carta reproduciendo la microtopografía parietal ha sido establecida dentro del sector donde ha sido pintada la Licorne. Representa en reducción una fracción de la pared de la izquierda. Este documento de alta precisión nos ha permitido analizar la configuración macro-cristalina y establecer las relaciones entre la pintura prehistórica y las formas de la pared.

La actividad hídrica de este sector es notable y variable dentro del tiempo, por lo cual hemos intentado comprender la dinámica y cartografiarla. Con esta meta hemos establecido desde 1971 un método de investigación original que permite identificar el movimiento hídrico superficial por intermedio de su reflejo térmico. Esta identificación se hace a distancia y permite una investigación total sobre la pared y la pintura.

Son las radiaciones infrarrojas emitidas por la escena-objeto las que son medidas, gravadas y después llevadas sobre un mapa. Esta termografía puede ser efectuada en todo momento y necesita una infraestructura fácil de colocar en el lugar, a pesar de las dificultades de todo tipo que son inherentes al medio subterráneo. Esta metodología se ha generalizado muy rapidamente para el estudio de cavidades y monumentos y da excelentes resultados.

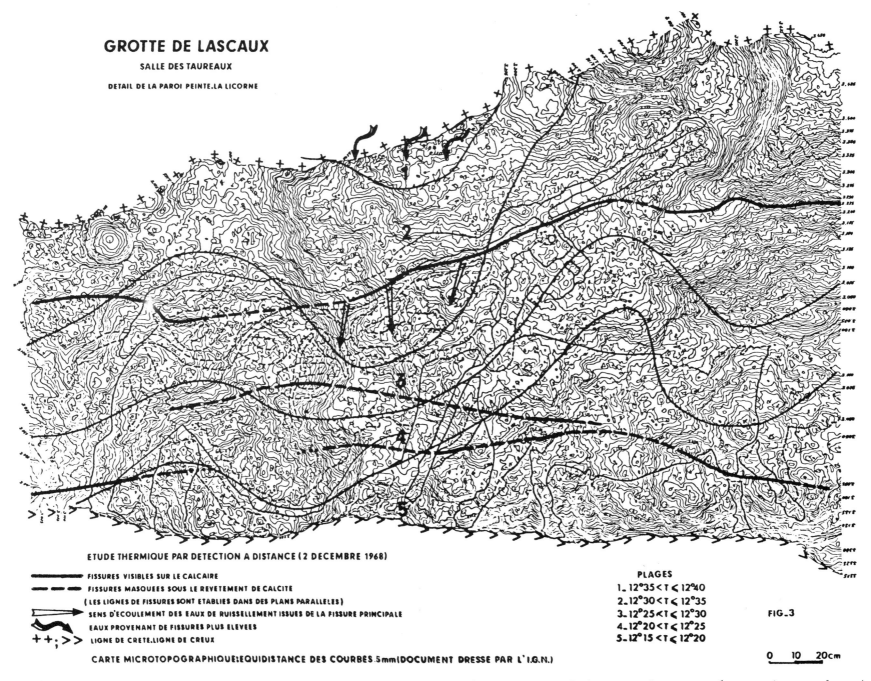

GROTTE DE LASCAUX

SALLE DES TAUREAUX

DETAIL DE LA PAROI PEINTE. LA LICORNE

ETUDE THERMIQUE PAR DETECTION A DISTANCE (2 DECEMBRE 1968)

FISSURES VISIBLES SUR LE CALCAIRE

FISSURES MASQUEES SOUS LE REVETEMENT DE CALCITE
(LES LIGNES DE FISSURES SONT ETABLIES DANS DES PLANS PARALLELES)

SENS D'ECOULEMENT DES EAUX DE RUISSELLEMENT ISSUES DE LA FISSURE PRINCIPALE

EAUX PROVENANT DE FISSURES PLUS ELEVEES

+ + ; > > LIGNE DE CRETE.LIGNE DE CREUX

PLAGES

1 _ 12°35 < T < 12°40

2 _ 12°30 < T < 12°35

3 _ 12°25 < T < 12°30

4 _ 12°20 < T < 12°25

5 _ 12°15 < T < 12°20

FIG _ 3

CARTE MICROTOPOGRAPHIQUE:EQUIDISTANCE DES COURBES 5mm(DOCUMENT DRESSE PAR L'I.G.N.)

0   10   20 cm

Cette carte en courbes de niveau révèle l'allure complexe de la surface de la roche à l'intérieur de la grotte. La mesure des températures de surface de la paroi permet de suivre la progression du film d'eau de suintement.

77

LA VIE SOUTERRAINE

Le développement spectaculaire des taches vertes sur les parois de la grotte dès 1960 et jusqu'en 1963, avant que l'on y remédie radicalement, est à l'origine de la fermeture de la grotte au public.

Par la suite, les contrôles et analyses ont été étendus à l'air et au sol tant dans le domaine de la pollution algale que bactérienne et fongique. La technique utilisée pour les contrôles de la contamination bactérienne consiste à exposer durant cinq minutes une boîte de Pétri contenant un milieu de culture déterminé et constitué d'un mélange de gélatine nutritive et d'extrait de terre. Les résultats indiquent une pollution nulle au niveau algal ; pour les bactéries, nous remarquons d'année en année la stabilité de leur nombre, chaque boîte de Pétri dans les conditions définies ne révèle que 5 à 6 colonies de bactéries, alors qu'après la fermeture, les premiers contrôles mettaient en évidence la présence de 200 à 250 colonies.

Le très faible nombre de colonies décelées actuellement est normal, la cavité appartient à un environnement vivant et il n'y a aucune raison de s'attendre à trouver des conditions de stérilité absolue ; il révèle aussi la stabilité de l'atmosphère et des conditions de conservation. En cas de fréquentation excessive de la cavité, le nombre de bactéries est le premier indicateur à signaler la recrudescence de la pollution.

Le monde microbiologique n'a pas l'exclusivité de l'occupation du milieu souterrain à Lascaux. Des insectes troglodytes pouvant atteindre jusqu'à 5 cm ont élu domicile dans le système axial. On les rencontre fixés sur les parois durant quelques mois par an.

UNDERGROUND LIFE

The cave was closed (1960-1963), due to the development of green spots (or patches) on the surface of the walls in the « Bulls Hall ».

Thus, it was found that the paintings were becoming contaminated by green algae and a study was made of the way in which this had occured. It was found possible to destroy this alga by a method which was very simple in both principe and application. This treatment did not damage the paintings, or the underlying limestone in any way. The green patches were thoroughly bleached. Three years later, there was a slight reccurence but this was immediately suppressed by further treatment. Ancient samples indicated the presence of 200 to 250 colonies of bacterias ; later the cave was closed. Recent results prove the absence of the algae in the « Bulls Hall » and in other rooms.

Bacterias were steady during numerous years ; now we find 5 or 6 colonies only. This small number is normal. In effect, the cave is living and we can't find an absolute sterility in it. It also shows the great permanence of the atmosphere. If visitors are too numerous the lifting of the bacterial colonies is a fine pollution indicator. To sum up, specialists think that the techniques used at Lascaux to deal with the « Green sikness » can be used (in general), with success in all caves affected by similar trouble. Yet it supposes an adaptation to the particular circumstances. In the cave, microbiologic system isn't alone. On walls we find in April and in May, some trogloditic insects. There are 4 or 5 centimetres long. They live on walls all through some months. Their colours are very pale and they are not loud.

DAS UNTERIRDISCHE LEBEN

Die auffällige Entwicklung von grünen Flecken auf den Seitenwänden der Grotte seit 1960 und bis 1963, ist die Begründung für die Schließung der Höhle für die Offentlichkeit. Die zu dem Zeitpunkt von Spezialisten der Mikrobiologie augeführten Analysen der zahlreichen Proben wiesen unter anderem auf das Vorhandensein von zahlreichen, farbigen Algen mit starkem Fortpflanzungsvermögen hin.

Anschließend sind die Kontrollen und Analysen auf Luft und Boden ausgedehnt worden, sowohl was die Verschmutzung durch Algen betrifft, als auch durch Bakterien und durch Schwämme. Die Luft-Plankton-Keime bilden Kolonien, die registriert werden können. An diesen Stellen haben die Ergebnisse erwiesen, daß die Algenverschmutzung nicht existiert ; was die Bakterien betrifft, so haben wir von Jahr zu Jahr eine Stabilisierung ihrer Anzahl feststellen können ; jede « Pétri » Dose läßt in den definierten Bedingungen nur 5 bis 6 Bakterien-Kolonien erkennen, während nach der Schließung der Höhle die ersten Kontrollen die Gegenwart von 200 bis 250 Kolonien hervorgehoben hatten.

Die gegenwärtig sehr schwache nachgewiesene Kolonienanzahl ist normal, die Höhle ist eine lebende Verhältnisse vorzufinden ; sie weist ebenfalls auf die Stabilität der Atmosphäre und die Konservierungsbedingungen hin.

Die mikrobiologische Welt hat nicht allein das Recht auf Besitzergreifung der unterirdischen Umgebung in Lascaux. Höhlenbewohner-Insekten, welche eine Größe von 5 cm erreichen können, haben ihren Wohnsitz im axialen System aufgeschlagen. Man findet sie an den Seitenwänden angesiedelt und dies während einiger Monate im Jahr.

LA VIDA SUBTERRANEA

El desarrollo espectacular de las manchas verdes sobre las paredes de la cueva desde 1960 y hasta 1963, antes de que lo hayan remediado radicalmente, originó el cierre de la gruta al público.

Debido a esto, los controles y el análisis han sido extendidos al aire y al piso, tanto dentro del dominio de la polución de algas, como bacteriano y de los hongos. La técnica utilizada para los controles de la polución bacteriana y de los hongos consiste en exponer durante cinco minutos latas de Pétri conteniendo un medio de cultivo determinado y constituido de una mezcla de gelatina nutritiva y de una muestra de tierra. Los resultados indican una polución nula al nivel de las algas ; por lo que concierne a las bacterias, notamos de año en año la estabilidad de su número. Cada lata de Pétri dentro de las condiciones definidas no revela sino 5 a 6 colonias de bacterias, mientras que después del cierre, los primeros controles ponían en evidencia la presencia de 200 a 250 colonias.

El reducido número de colonias descubiertas actualmente es normal, la cavidad pertenece a un medio ambiente viviente y no hay razón alguna de esperar encontrar condiciones de estabilidad absolutas ; revela también la estabilidad de la atmósfera y de las condiciones de conservación. En caso de frecuentación excesiva de la cavidad, el número de bacterias es el primer indicador que señala el recrudecimiento de la polución.

El mundo microbiológico no tiene la exclusividad de la ocupación del medio subterráneo de Lascaux. Los insectos trogloditas, que pueden alcanzar hasta 5 cm, han fijado domicilio en el sistema axial. Uno los encuentra fijados en las paredes durante algunos meses por año.

 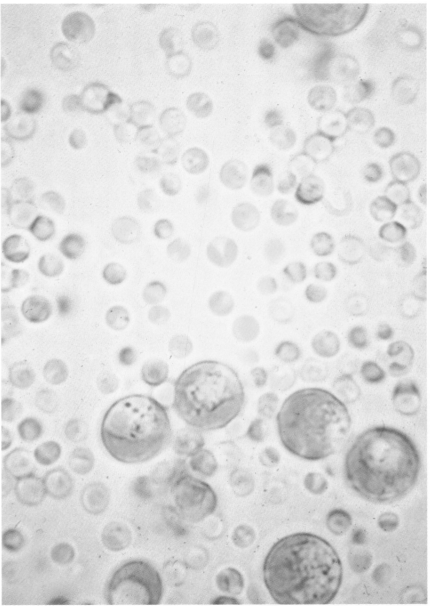

A droite, algues vertes du genre Bractéacoccus sp., prélèvement fait dans la grotte et mis en culture au laboratoire. A gauche, insectes troglophiles apparaissant à certaines périodes de l'année dans le réseau souterrain (« Phrygane »).

CLIMATOLOGIE DYNAMIQUE

La grotte de Lascaux est une cavité close globalement descendante selon un profil longitudinal ; l'air n'y est pas immobile et en dépit d'une faible vitesse des courants d'air en milieu souterrain, de lentes circulations prennent naissance entre les points chauds et froids de la cavité, fréquemment sous forme de cellule de convection. En dehors des périodes de perturbation, chacune des parties de la grotte (salle des taureaux, diverticule axial, diverticule de droite) connaît un régime propre de courants d'air et presque indépendant.

Depuis sa fermeture, les paramètres climatiques naturels ont été suivis de près sous la forme de relevés journaliers dans l'air, sur et dans la roche. La mise en forme de ces données permet de dresser des courbes et de suivre l'évolution climatique annuelle de la cavité et par là même de détecter toute anomalie par rapport au régime normal. Le développement de ces anomalies peut se traduire par de rapides modifications des températures à la surface de la roche comme dans l'air. Celles-ci ont pour conséquences immédiates le déclenchement des processus d'évaporation et de condensation, lesquels peuvent engendrer à la suite des phases de dépôts de calcite et de corrosion.

Pour limiter ces phénomènes perturbateurs, un système de climatisation a été mis au point. Il est basé sur le principe d'échanges comparables à ceux qui se faisaient naturellement dans la salle des taureaux par la simple convection de l'air.

ACTIVE SPELEOMETEOROLOGY

The cave of Lascaux is a closed descending inclined cavity (see figure) in which there is a slight circulation of air between hot and cold points. This slight movement of air is produced by convection currents circuits. The fore part of two neighbouring circuits can become displaced a few metres during two periods of the year (may and december) thus creating different temperatures in the main parts of the cave and particularly between :

— the « Bulls Hall » and « Axial Gallery » system,

— the « Right hand Gallery » and « Apse » system,

— the « Witch Doctor Well » and « the 3 sanded up Rooms » system,

— the « Apse » and « the Mondmilch Gallery » system.

The main current of air moves along the floor, at the end of the room or gallery it comes up to the ceiling and then returns to its point of departure.

Induced microcurrents of air formerly produced evaporation of film water which used to accumulate among the calcite grains and flow over the painted pictures. For instance, in the « Bulls Hall », water oozed out of three superimposed bedding-planes under these currents of air. The seeping water progressively evaporated.

Evaporation causes calcareous microdeposits by constricting the volume of the solution and thus creating oversaturation.

At present, the elevations of temperature and movements of air currents are very slight ; thus precipitation of calcite is very insignificant.

TÄTKRAFTIGE KLIMALEHRE

Die Höhle von Lascaux ist eine geschlossene Höhle, welche sich, im großen und ganzen im Längsschnitt genommen, senkt ; die Luft ist dort nicht unbeweglich. Trotz einer schwachen Luftzugsgeschwindigkeit in unterirdischer Umgebung, bilden sich langsam Kreisläufe zwischen den kalten und warmen Stellen der Höhle, und zwar in der Form von Konvektionszellen. Außer während Störungsperioden, hat jeder Abschnitt der Höhle (salle des Taureaux, diverticule axial, diverticule de droite) ein ihm eigenes und fast unabhängiges Luftzugssystem.

Seit der Schließung sind natürliche, klimatische Parameter genaustens beobachtet worden und zwar durch tägliche Messungen der Luft, im und auf dem Felsen. Die Eintragungen dieser Angaben erlauben Kurven anzufertigen und die jährliche klimatische Entwicklung der Höhle zu verfolgen und auf diese Weise sogar jegliche Anomalie im Vergleich mit den normalen Verhältnissen aufzuspuren.

Die Entwicklung dieser Anomalien kann sich durch schnelle Temperaturveränderungen auf der Felsenoberfläche, wie auch der Luft, äußern. Diese haben die Auslösung von Verdunstungs und Kondensationsprozessen zur unmittelbaren Folge, welche dann Kalkspatablagerungsphasen und Korrosionsphasen auslösen können.

Um diese Störungsphänomene einzuschränken, ist ein Klimatisationssystem aufgestellt worden. Es beruht auf dem Austauschprinzip, vergleichbar mit demjenigen, das auf natürliche Weise im « Salle des Taureaux » durch einfache Luftkonvektion stattfand.

CLIMATOLOGIA Y VENTILACION

La gruta de Lascaux es una cavidad cerrada globalmente y en forma descendente según un perfil longitudinal ; el aire no es inmóvil y a pesar de una baja velocidad de las corrientes de aire en medio subterráneo, lentas circulaciones nacen entre los puntos cálidos y fríos de la cavidad, frecuentemente bajo la forma de células de convección. Fuera de los períodos de perturbación, cada una de las partes de la gruta (Sala de los Toros, pequeña galería axial, pequeña galería derecha) tienen un régimen proprio de corrientes de aire casi independiente.

Después del cierre, los parametros climáticos naturales han sido seguidos de muy cerca bajo la forma de mediciones diarias del aire, sobre y dentro de la roca. El arreglo de estos datos permite la construcción de curvas, seguir la evolución climática anual de la cavidad e igualmente detectar toda anomalía con relación al régimen normal. El desarrollo de estas anomalías puede traducirse por las rápidas modificaciones de las temperaturas en la superficie de la roca como en el aire. Estas tienen como consecuencias inmediatas desencadenar los procesos de evaporación y de condensación, los cuales pueden engendrar seguidamente las fases de depósito de calcita y de corrosión.

Para limitar estos fenómenos perturbadores, un sistema de climatización ha sido concebido. Este está basado sobre el principio de intercambios comparables a aquellos que se hacían naturalmente dentro de la Sala de los Toros por la simple convección de aire.

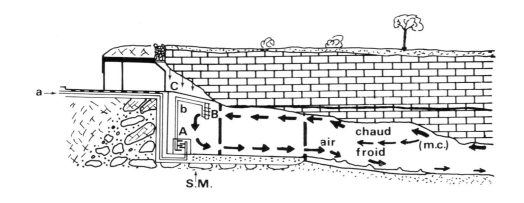

VUE EN COUPE DES CIRCULATIONS D'AIR PAR CONVECTION

Remarquez le développement d'une microcellule (m.c.) qui se superpose aux peintures de la salle des Taureaux. Le mécanisme de conditionnement comprend :

a : un circuit primaire d'eau froide
A : un échangeur thermique cylindrique
b : un circuit secondaire
B : un échangeur thermique
C : eau d'infiltration

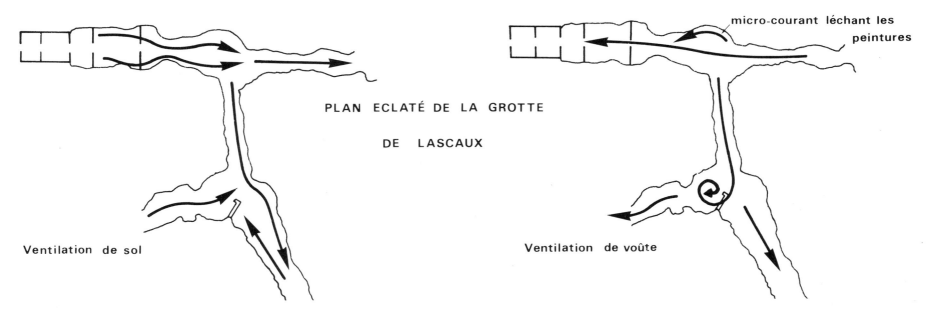

PLAN ECLATÉ DE LA GROTTE

DE LASCAUX

Ventilation de sol

Ventilation de voûte

micro-courant léchant les peintures

La ventilation naturelle étant déficiente à certaines périodes de l'année, pour assurer l'équilibre hydrique et thermique entre l'air et la roche un dispositif de conditionnement a été mis en place dans la salle des machines (S.M)

Représentation schématique de la circulation d'air dans la cavité. La vue en coupe illustre la convection accélérée sous le contrôle de la machinerie. Les vues en plan révèlent la dynamique naturelle des courants d'air dans les salles et couloirs.

81

CONDITIONNEMENT DE LA CAVITE

Des systèmes de conditionnement ont été installés dans la grotte entre 1948-75. La première installation était simple et mal adaptée à la conservation.

Dès 1965, des appareils sont mis en place pour contrôler et assurer l'équilibre des paramètres air - roche - eau. Ainsi l'atmosphère évolue en douceur. On obtient une action progressive dans les échanges thermiques entre l'eau et la roche d'une part, la roche et l'air d'autre part. Les mouvements naturels des masses d'air qui se déplacent au sein de la grotte sont contrôlés, de même les variations brusques de l'hygrométrie sont éliminées. Il n'y a aucun pompage, aucun recyclage brutal. Pour la température de l'air la valeur de 14°C qui avait été retenue à l'origine est abandonnée. La nouvelle valeur est 12,4°C. Cet appareillage a été progressivement rodé et amélioré.

Quelques années plus tard, un nouveau système plus performant a été mis en place (voir photo). Il est basé sur le principe des échanges qui se faisaient naturellement dans la Salle des Taureaux par convection et permet de provoquer la condensation d'une certaine quantité d'eau présente dans l'air sous forme de vapeur. Il assure également une tension de vapeur d'eau (dans l'air à proximité des parois) inférieure à celle correspondant à la température en surface de la roche.

Pratiquement il s'agit d'établir un point froid représenté par deux échangeurs thermiques à ailettes en forme de gros radiateurs et suspendus au plafond de la Salle des Machines. Ils sont reliés, à l'extérieur, à des groupes réfrigérants. Ce système comporte deux circuits :
— le primaire (a) construit à l'extérieur et un échangeur cylindrique (A) installé à l'intérieur,
— le secondaire (b) muni d'échangeurs terminaux à ailettes (B).

AIR CONDITIONNING IN CAVITY

Several systems of air conditioning were equiped in the cave, between 1948 and 1975.

The first machinery was simple and nonfit towards the conservation. Immediately after 1965, apparatuses were equipped to control the air and water parameters. Thus the atmosphere changes leisurely. One obtains a gradual action which does equilibrate :
— the thermical exchanges = air-rock, air-water,
— the hydric exchanges = rock-air.

One controls the natural air movements in the different parts in the cave. Equally, one seeks to eliminate all the sudden temperature, ventilation, and hygrometric variations. It is no blowing, no recycling air. For the temperature of the air, one forsakes the 14°C value which was selected formerly and one selects now the new 12,4°C value.

The second apparatus was gradually lapped and improved better. Some years later, new and more performent climatisation system, was constructed and equipped in the « Engines Room » (see photograph). It is designed on the natural and convection exchanges which existed in the « Bulls Hall and Axial Gallery » system. It permits to provoke a certain volume in the shape of vapour and warrant a vapour water pressure in the air near wall paintings. This vapour pressure is lower to the corresponding pressure which is calculated at the equal temperature on the rock.

The machinery is composed with outdoor refrigerating groups and two circuits built in the « Engines Room ». The first (a) is between out-door and cylindrical exchanger (A), inside. The second (b) is provided with cooling fin terminal exchangers (B).

BEHANDLUNG DER HÖHLE

Zwischen 1948 und 1975 wurden mehrere Regulationsystem in der Höhle installiert. Die erste Einrichtung war zu einfach und ungenügend, eine gute Konservierung der Malereien zu garantieren. Im Jahr 1965 hat man neue Apparate hergestellt. Die Temperatur der Luft und die Kondensation auf dem Felsen wurde gemessen.

Mit diesen neuen Maschinen variieren die Parameter zwischen :
— dem Wasser und dem Felsen,
— dem Wasser und der Luft,
— der Luft und dem Felsen, findet stufenweise statt.

Man kontrolliert auch die naturgemässen Bewegungen der Luftmassen in der Höhle.

Zu Anfang erwärmte die erste Maschine die Luft der Höhle auf eine Temperatur von 14 Grad. Dieser Nennwert war zu stark. Jezt haben wir den naturgemässen Wärmegrad gewählt, der 12,4 Grad beträgt. Eine andere präzisere Maschine wurde im « Salle des Machines » (Bild) aufgestellt.

Der Wärme und Wasseraustausch findet statt im « Salle des Taureaux » und im « Diverticule Axial » mittels der natürlichen Konvektion der Luft. Dieser Austausch fördet die Kondensation des Wassers, welches in der Luft als Wasserdampf enthalten war. Es handelte sich darum, einen Kältebereich in der Höhle herzustellen. Dieser Kältebereich befindet sich in der Höhlendecke des « Salles des Machines ». Der Austausch fand auf der Oberfläche großer Heizkörper statt. Das Vorrichtungschema ist auf dem Bild beschrieben. Ein Teil befindet sich außerhalb der Höhle, es handelt sich um den primären Kreislauf (a) + (A). Ein anderer Teil wurde in der Höhle gebaut. Dies ist der Sekundäre Kreislauf, (b) + (B).

ACONDICIONAMIENTO DE LA CAVIDAD

Varios sistemas de condicionamiento han sido instalados en la cueva entre 1948 y 1975. La primera instalación era sencilla y mal adaptada al problema de conservación. A partir de 1965, pusieron aparatos para controlar y asegurar el equilibrio de parametros : aire - roca - agua. Así la atmósfera evolua lentamente y se obtiene una acción progresiva en los cambios térmicos entre el agua y la roca de una parte, y la roca y el aire de otra. Se controlan los movimientos naturales de masas de aire, que se desplazan dentro de la cueva. Se eliminan igualmente las variaciones bruscas del higrómetro. Así no hay ningún aspiración, ningún reciclaje brusco. Para la temperatura del aire, se abandona el valor de 14°C que se había retenido al origen. El nuevo valor es 12,4°C.

Algunos años más tarde se ha instalado un nuevo sistema mejorado (ver foto). Está basado sobre el principio de los intercambios que se hacían naturalmente en la Sala de los Toros por convección y permite provocar la condensación de cierta cantidad de agua presente en el aire bajo la forma de vapor. Asegura igualmente una tensión de vapor de agua (en el aire a proximidad de las paredes) inferiores a las correspondientes a la temperatura en la superficie de la roca.

Prácticamente se trata de establecer un punto frío representado por dos cambiadores térmicos de aletas. Tienen la forma de grandes radiadores colgados del techo de la Sala de Máquinas. Comunican al exterior con grupos refrigerantes. Ese sistema contiene dos circuitos :
— El primario (a) construido al exterior y un cambiador cilíndrico (A) instalado al interior,
— El segundario (b) dotado de cambiadores terminales con aletas (B).

Salles des Machines : en haut à droite, l'échangeur thermique à ailettes, en bas, l'échangeur thermique cylindrique.

PROTECTION DU MILIEU AERIEN ET SOUTERRAIN

Il faut savoir que le milieu souterrain n'est pas isolé de l'environnement aérien et que toute activité en surface a des répercussions en profondeur. Celles-ci se feront sentir avec un décalage dans le temps plus ou moins long selon la nature du phénomène, l'époque à laquelle il se produit et le degré d'enfouissement de la cavité.

Ce serait par exemple l'abattage du couvert forestier sur de grandes surfaces (cf. photo). Une telle action aurait pour conséquence le déséquilibre hydrogéologique de l'aquifère développé dans les calcaires fissurés au-dessus de la cavité. Ce déséquilibre se traduirait entre autre par un excès d'eau d'infiltration.

Une perturbation de même nature peut être engendrée à la suite d'un incendie. C'est ce qui est arrivé sur la colline de Lascaux en 1970. Il a fallu très rapidement faire le bilan des dégâts et entreprendre dans les meilleurs délais le reboisement de la surface sinistrée.

Les activités agricoles actuelles, dépendent d'amendements extérieurs par engrais chimiques. Ceux-ci sont malheureusement utilisés trop souvent en excès et cette fraction gagne inutilement les nappes phréatiques développées au-dessus des grottes. Là encore les échanges physico-chimiques au niveau des parois peuvent perturber l'équilibre des peintures.

Il ne faut pas oublier non plus que la construction des résidences secondaires dans ces belles régions de la Dordogne s'accompagne de rejets (eaux ménagères - eaux vannes) aux conséquences souvent ignorées. C'est dans le sens de l'urbanisation des activités que des précautions doivent être prises et que des règlementations doivent être lancées pour éviter ces détériorations intempestives du milieu souterrain.

NATURAL AND UNDERGROUND PROTECTION

It is well known that groundwater activities are not isolated from the surface environmental hazards. For exemple, deforestation can modify the hydrogeological equilibrium of karstic aquifers when excessive infiltration occurs.

Equally, fire breaks can do the same effects. Introduction of excessive chemical fertilizers will contaminate phreatic aquifers above the cave. This will modify the physico — chemical equilibrium between water and the walls of the cave which will affect the paintings. In agriculture, mineral fertilizers are too many. Residences throw away organic and chemical pollutions. Human pollutions and agricultural fertilisers are carried off in solution in phreatic sheet. These are based on the fundamental facts of weather and seasonal climate. Here in karstic context, chemical and microbiological exchanges can modify the paintings balance.

That's the reason why precautions and reglementations will be taken to restrict potential disturbances.

PROTEKTION DER UNTERIRDISCHEN LUFTUMWELT

Man muß bedenken, daß die unterirdische Umgebung nicht von der oberirdischen Umgebung isoliert ist und, daß jegliche Tätigkeit an der Oberfläche Rückwirkungen auf die Tiefe hat. Diese machen sich mit einer mehr oder minder großen Zeitverschiebung bemerkbar und hängen von der Art des Phänomens ab, sowie von dem Zeitpunkt zu dem es sich ereignet hat und von der Tiefe der Höhle.

In einer natürlichen Umgebung kann der Vorgang von Nutzen sein, aber er kann ebensogut Schäden verursachen. Schäden, die z. B. durch das Abholzen von großflächigen Waldbeständen entstehen würden (siehe Foto). Eine solche Aktion hätte ein hydrogeologisches Mißverhältnis der in dem zerklüfteten Kalk oberhalb der Höhle verlaufenden Wasserführung zur Folge. Dieses Mißverhältnis würde unter anderem durch einen Uberschuß an Einsickerungswasser ausdrücken, welcher in den 3-9 folgenden Monaten den Austausch zwischen Seitenwand und Luft verändern würde.

Eine gleichartige Störung kann ebenfalls durch Feuersbrunst ausgelöst werden, was 1970 auf dem Hügel von Lascaux der Fall gewesen ist. Man hat sehr schnell eine Bilanz der Verwüstungen aufstellen und in kürzester Frist die Wiederaufforstung der abgebrannten Fläche in Angriff nehmen müssen.

Man darf außerdem den Bau von zweiten Wohnsitzen nicht außer Acht lassen, der in dieser schönen Gegend der Dordogne mit dem Abfluß von Spül-und Abwässern verbunden ist, dessen Folgen oft übersehen werden.

PROTECCION DEL MEDIO NATURAL Y SUBTERRANEO

Hay que saber que el medio subterráneo no está aislado del medio ambiente aéreo y que toda actividad en la superficie tiene sus repercusiones en la profundidad. Estas se harán sentir con una diferencia dentro del tiempo más o menos largo según la naturaleza del fenómeno, la época en la cual se produjo y el grado de enterramiento de la cavidad. En un medio natural la acción puede ser benéfica pero puede igualmente tener consecuencias nefastas.

Sería por ejemplo el derribo de la cobertura forestal en grandes superficies (cf. foto.). Una acción de esta naturaleza tendría por consecuencia el desequilibrio hidrogeológico de las aguas, desarollado dentro de las fisuras calcáreas por encima de la cavidad. Este desequilibrio se traduciría entre otras cosas por un exceso de agua de filtración, el cual modificaría dentro de los 3 a 9 meses siguientes los intercambios entre la pared y el aire.

Una perturbación de la misma naturaleza puede ser engendrada a causa de un incendio. Esto es lo que sucedió sobre la colina de Lascaux en 1970. Ha sido necesario hacer muy rapidamente el balance de los daños y comenzar sin la menor demora la reforestación de la superficie siniestrada.

No hay que olvidar tampoco que la construcción de residencias segundarias dentro de estas bellas regiones de la Dordogne se acompaña de deshechos (aguas domésticas, aguas negras) con consecuencia a menudo ignoradas. En el sentido de la organización de las actividades que se deben tomar precauciones y las reglamentaciones deben ser establecidas para evitar estas deterioraciones intempestivas y definitivas del medio subterráneo.

Photo oblique prise en septembre 1970 montrant les conséquences d'un incendie qui s'est développé sur la colline, a détérioré la végétation de résineux (pins sylvestres) et de chênes et compromis l'équilibre entre l'infiltration souterraine et l'évapotranspiration.

CONCLUSIONS

Comment conclure après ce bref tour d'horizon ? Disons tout de suite que nous sommes résolument optimistes dans la mesure où nous considérons que la grotte est sauvée. Elle l'est car la « maladie verte » est vaincue et l'évolution de la « maladie blanche » reste limitée au seuil naturel du bruit de fond en-dessous duquel la technologie actuelle ne nous permet plus de descendre. D'ici quelques années il sera certainement possible de faire mieux. Comme toujours il ne s'agira en fait que d'un problème de crédits et d'appareillage.

Après avoir assuré le sauvetage de la grotte, la Commission Scientifique et le Ministère des Affaires Culturelles se sont donnés une autre tâche. Ils ont étudié les moyens d'en assurer la réouverture au public. Des simulations ont été faites quant à l'évolution hygrométrique thermique et biologique. Elles n'aboutirent qu'à un résultat terriblement limitatif. Ce dernier se traduit concrètement par l'acceptation de 5 personnes par jour et ceci durant 5 jours par semaine. Ce nombre limité des possibilités de visite, sans danger pour la grotte, est à l'origine de l'idée de création d'un fac-similé. La dénomination de ce projet a été longuement mûrie avant qu'un accord se fasse sur l'appellation « LASCAUX II ».

La décision administrative étant prise il s'est agit pour l'un de nous (J. V.) de trouver en priorité un site favorable en vue de l'implantation d'un module dans lequel pourrait être placé le volume partiel de la grotte reconstituée en vraie grandeur. La vérité-terrain imposait également que cette construction soit semi enterrée dans sa version définitive.

Ce site nous l'avons trouvé à quelques pas de la grotte, c'est-à-dire à deux cents mètres au Sud-Ouest de

CONCLUSION

How is it possible to conclude after such a quick look round ? Let's say right away that we are resolutely optimistic, in so far as we consider that the cave has been saved, because the green sickness has been eliminated and the evolution of the white sickness has been limited to the natural « background noise » below which modern technology doesn't permit us to descend, in a few years ' time it will certainly be possible to do better. As always it will only be a matter of money and materials.

After having saved the cave the Scientific Committee and the Culture Departement have given themselves another aim, they have studied the different ways of allowing public visiting. Analyses were made concerning the possible hygrometric, thermic and biological evolution ; the results were very disappointing which ended in allowing only five people a day over a five day week. This limited number of possible visits which is not dangerous for the cave led to the suggestion of a reproduction cave called « Fac simile » this project was discussed over a long period before an agreement was reached about the name : Lascaux II.

After the administrative discussion, the problem was for one of us to find a suitable place to set up a module in which the partial volume of the cave in natural size could be inserted. For authenticity, the final version would have to be half buried in its definitive position.

The site had been found 200 meters south-west of the original. Paradoxi-

ZUSAMMENFASSENDE SCHLUSSFOLGERUNG

Zu welchem Endergebnis können wir nach diesem kurzen Uberblick gelangen ? Nach mehreren Jahren schwieriger und langer Untersuchungen erklären wir uns als entschieden optimistisch, was den Fortbestand der Höhle angeht. Die Höhle kann als gerettet angesehen werden, denn die grüne Krankheit ist besiegt und die « weiße Krankheit » auf ein Minimum begrenzt. In einigen Jahren wird es möglich sein, dank neuer Apparate und Techniken weitere Fortschritte zu verzeichnen. Wir möchten abschließend daran erinnern, daß der vom Kulturministerium gegründete wissenschafliche Außchuss durch seine Mithilfe zur Rettung der Grotte beigetragen hat. Die Verantwortlichen untersuchten die Möglichkeiten der Eröffung der Höhle für das Publikum.

Man simulierte diese Situation, um die künstlich hervorgerufene Entwicklung der Luftfeuchtigkeit und der Temperatur zu verfolgen. Das Ergebnis war enttäuschend. Man errechnete, daß die Höhle 5 Personen pro Tag während 5 Wochentagen empfangen könnte. Diese Zahl ist natürlich viel zu niedrig und somit wurde dieses Vorhaben aufgegeben. Daraufhin kam man auf die Idee einer Kopie der Höhle. Die Verantwortlichen suchten lange nach einem Namen für dieses Projekt, bis man sich auf die Bezeichnung « Lascaux II » einigte.

Sodann suchten wir einen geeigneten Ort für den Bau eines solchen Gebäudes. Der Ort, fürden man sich schließlich entschied, befindet sich in

CONCLUSIÓN

¿ Cómo concluir después de esa breve ponencia ? Digamos en seguida que somos sumamente optimistas en la medida en que consideramos que la cueva está salvada, ya que la enfermedad verde está vencida y la evolución de la enfermedad blanca queda limitada al umbral natural de ruido de fondo, por debajo del cual la tecnología actual no nos permite descender más. Dentro de algunos años será probablemente posible hacer mejor. Como siempre, de hecho, se tratará sólo de un problema financiero (dinero, creditos y material).

Después de haber asegurado el salvamento de la cueva, la comisión científica y el Ministerio de Asuntos Culturales se han dado otra tarea. Han estudiado los medios de asegurar la reapertura al público. Simulaciones han sido hechas en cuanto a la evolución higrométrica, térmica y biológica. No han llegado más que a un resultado terriblemente limitado. Ese último se traduce concretamente a la aceptación de 5 personas por día y eso durante 5 días por semana. Ese número limitado de posibilidades de visita sin peligro para la cueva originó la idea de creación de un « Fac-simile ». La denominación de ese proyecto ha sido largamente pensada, antes de llegara un acuerdo sobre la apelación « Lascaux II ».

Tomada la decisión administrativa se ha tratado para uno de nosotros (J. V.) de encontrar en prioridad un sitio favorable para la implantación de un módulo en el cual podría colocarse el volumen parcial de la gruta reconstituida en su tamaño natural. El verdadero terreno imponía igualmente que esta construcción estuviera semi-enterrada en su versión definitiva.

Este sitio lo hemos encontrado a algunos pasos de la gruta, es decir a 200 metros al S.-O. del original. La

l'original. Le paradoxe a voulu que l'implantation que nous avons proposée et qui a été retenue, soit en fait une exploitation ancienne de pierre de taille (et de moellons). Celle-ci était enfouie sous des arbres (chênes), des buissons de buis et des tas de débris de pierre. Les compagnons-maçons montignacois du xixe siècle jetèrent leur dévolu sur un horizon géologiquement favorable par sa grande cohésion et sa fracturation très espacée.

L'activité de cette carrière à ciel ouvert, semble être postérieure aux années 1800 et antérieure aux années 1880. Il est amusant de signaler que nous avons pu effectuer cette « datation » dans la mesure où, après décapage des fronts de taille et du plancher nous avons trouvé des blocs de pierre abandonnés sur place et en cours de débitage. Ces blocs ont des dimensions métriques (1 m × 1 m × 0,50 m ou 1 m × 0,50 m × 0,50 m). Rappelons que l'unité légale en France — le mètre — a été choisie en 1801 et rendue obligatoire en 1840.

Pour sa part, l'arbre le plus ancien qui se trouvait sur place avait une centaine d'années et donne une limite supérieure à l'exploitation.

Les bâtisseurs du xixe siècle ne se doutaient pas qu'à 200 m de là, dans un champ de vignes une petite anfractuosité encombrée de pierrailles conduisait au plus beau trésor que l'on puisse imaginer. De leur côté les quatre gamins qui découvrirent le trou, provoqué par la chute d'un arbre, ignoraient que des fouilles importantes avaient été faites si près du lieu concrétisant l'exploit de leur vie. En définitive, le phylloxéra a fait disparaître les vignes de la colline de Lascaux. Il a aidé au développement ultérieur de la forêt à la place des cultures. La tempête a fait le reste. Il ne manquait plus que quelques prospecteurs en herbe pour révéler le secret de nos ancêtres.

cally the place we proposed and which was finally accepted was an old stone quarry overgrown with trees (oaks), and bushes and buried under heaps of stone rubble. The Montignac stone masons guild members discovered a favourable geological site which had great cohesion and few fissures.

This open quarry seems to have been worked between 1800 and 1880. It's interesting to note that we were able to date it ; because after cleaning up the rock face and the quarry floor we found blocks of stone abandonned and in the middle of being cut up. The blocks had metric dimensions (1 m × 1 m × 0,50 or 1 m × 0,50 m × 0,50 m) ; note that the metre was the legal measure in France in 1801 and was made compulsory in 1840.

The oldest growing tree was about 100 years old which gives us an idea of when quarrying stopped.

The 19 th century builders couldn't imagine that 200 metres away in a vineyard a small hole encumbered with rocks led to the most beautiful treasure imaginable. The four youngsters who discovered the hole made by a falling tree didn't know that important diggings had taken place so close to the place of the exploit of their lives. Phylloxera finally killed off the vines on the Lascaux hill which encouraged forest growth instead of agriculture, the storm did the rest. It only needed a few young and budding prospectors to reveal the secret of our ancestors.

der Nähe der Höhle, d. h. 200 m. Südwestlich unterhalb der Grotte gelegen. Wir fanden dort einen ehemaligen Steinbruch, der heute mit Eichen und Buschwerk bewachsen ist. Die Bäume und Büsche wachsen aufeinem Kalkzuschlag. Steinbrucharbeiter gruben hier im 19. Jahrundert, den man fand hier ein besonders hartes Gestein, welches besonders für den Bau von Häusern und Monumenten geeignet war.

Der Abbau des Steinbruches begann nach 1800 ung ging vor dem Jahre 1880 zu Ende. Wir ermittelten diese Daten nachdem wir Steinblöcke folgender Masse gefunden hatten : 1 m × 1 m × 0,50 m oder 1 m × 0,50 m × 0,50 m. In Frankreich wurde, wie man weiß, der Meter als Masseinheit erst 1801 offiziel eingeführt. Er wurde ab 1840 obligatorich. Dazu kam, daß der älteste, von uns untersuchte Baum ungefähr 100 Jahre alt war.

Die Männer, welche damals in diesem Steinbruch arbeiteten, ahnten nicht, daß sich die heute so berühmte Grotte 200 m weit von ihnen entfernt in einem Weingarten befand. Ebenso wenig ahnten die vier Jungen, welche im September 1940 das Loch entdeckten, (letzteres war durch den Sturz eines Baumes entstanden) daß so nahe bei der Höhle im vorigen Jahrhundert ein Steinbruch eröffnet worden war. Schließlich war es die Reblaus, welche die Weinreben auf dem Hügel von Lascaux eingehen liess. Später ersetzte der Wald das Weinlaub. Der Sturm tat das Ubrige.

paradoja quiere que la implantación que hemos propuesto y que ha sido retenida, de hecho sea una explotación antigua de piedra de sillería y de morrillos. Esta cantera estaba enterrada bajo lor árboles (encinas) matorrales de boj y restos de piedra. El compañerismo albañil de la ciudad de Montignac del Siglo 19 descubrió un horizonte geológicamente favorable por su gran cohesión y su fracturación muy distanciada.

La actividad de esta cantera a cielo abierto parece ser posterior a los años 1800 y anterior a 1880. Es divertido señalar que hemos podido efectuar esta « datación » en la medida en que después de limpiar la cantera y el suelo hemos encontrado bloques de piedra abandonados en el mismo sitio. Esos bloques son de dimensiones métricas (1 m × 1 m × 0,50 m o 1 m × 0,50 m × 0,50 m). Recordemos que la unidad legal en Francia — el metro — ha sido escogida en 1801 y obligatoria en 1840.

Por su parte el árbol más antiguo que se encontraba en el mismo lugar tenía un centenar de años y daba un límite superior a la explotación.

Los edificadores del Siglo 19 no sospechaban que a 200 m de allí en una viña, una pequeña anfractuosidad conducía al más bello tesoro que se puede imaginar. Por su parte los cuatro niños que descubrieron el agujero provocado por la caída de un árbol, ignoraban que se habían hecho excavaciones importantes tan cerca del lugar que concretizaba la hazaña de su vida. En definitiva, la filoxera ha hecho desaparecer las viñas de la colina de Lascaux. Ha facilitado el desarrollo ulterior del bosque en lugar de los cultivos. La tempestad ha hecho lo demás. Sólo faltaban algunos prospectores en cierne para revelar el secreto de nuestro antepasados.

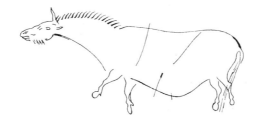

Cet ouvrage
a été achevé d'imprimer
le 11 juillet 1988

à l'Imprimerie Pierre Fanlac
Route de Bergerac
à Périgueux

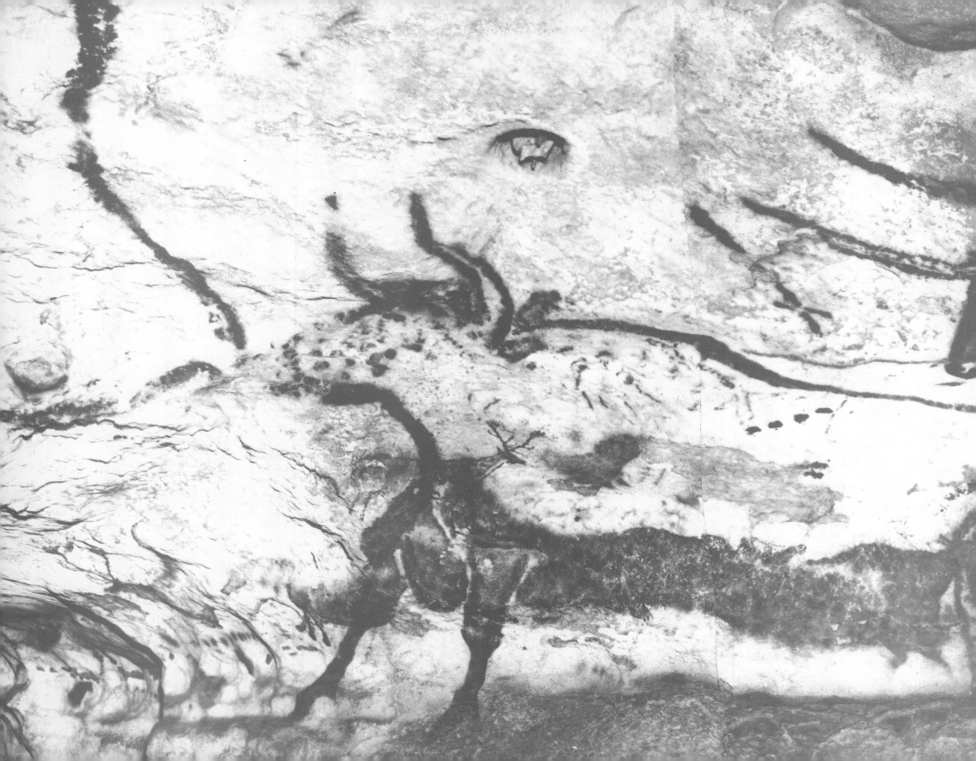